中华人民共和国
精神卫生法

注释本

法律出版社法规中心 编

·北京·

图书在版编目（CIP）数据

中华人民共和国精神卫生法注释本 / 法律出版社法规中心编. -- 3版. -- 北京：法律出版社, 2025. (法律单行本注释本系列). -- ISBN 978-7-5197-9639-6

Ⅰ. D922.165

中国国家版本馆CIP数据核字第20243MB581号

中华人民共和国精神卫生法注释本　　法律出版社　编　　责任编辑　翁潇潇
ZHONGHUA RENMIN GONGHEGUO　　法规中心　　　　　装帧设计　李　瞻
JINGSHEN WEISHENGFA ZHUSHIBEN

出版发行	法律出版社	开本	850毫米×1168毫米　1/32
编辑统筹	法规出版分社	印张	3.875　　　字数　81千
责任校对	裴　黎	版本	2025年1月第3版
责任印制	耿润瑜	印次	2025年1月第1次印刷
经　　销	新华书店	印刷	北京盛通印刷股份有限公司

地址:北京市丰台区莲花池西里7号(100073)
网址:www.lawpress.com.cn　　　　　销售电话:010-83938349
投稿邮箱:info@lawpress.com.cn　　　客服电话:010-83938350
举报盗版邮箱:jbwq@lawpress.com.cn　咨询电话:010-63939796
版权所有·侵权必究

书号:ISBN 978-7-5197-9639-6　　　　定价:16.00元
凡购买本社图书,如有印装错误,我社负责退换。电话:010-83938349

编辑出版说明

现代社会是法治社会，社会发展离不开法治护航，百姓福祉少不了法律保障。遇到问题依法解决，已经成为人们处理矛盾、解决纠纷的不二之选。然而，面对纷繁复杂的法律问题，如何精准、高效地找到法律依据，如何完整、准确地理解和运用法律，日益成为人们"学法、用法"的关键所在。

为了帮助读者快速准确地掌握"学法、用法"的本领，我社开创性地推出了"法律单行本注释本系列"丛书，至今已十余年。本丛书历经多次修订完善，现已出版近百个品种，涵盖了社会生活的重要领域，已经成为广大读者学习法律、应用法律之必选图书。

本丛书具有以下特点：

1. 出版机构权威。成立于1954年的法律出版社，是全国首家法律专业出版机构，始终秉承"为人民传播法律"的宗旨，完整记录了中国法治建设发展的全过程，享有"社会科学类全国一级出版社"等荣誉称号，入选"全国百佳图书出版单位"。

2. 编写人员专业。本丛书皆由相关法律领域内的专业人士编写，确保图书内容始终紧跟法治进程，反映最新立法动态，体现条文本义内涵。

3. 法律文本标准。作为专业的法律出版机构，多年来，我社始终使用全国人民代表大会常务委员会公报刊登的法律文本，积淀了丰富的标准法律文本资源，并根据立法进度及时更新相关内容。

4. 条文注解精准。本丛书以立法机关的解读为蓝本，给每个条文提炼出条文主旨，并对重点条文进行注释，使读者能精准掌握立法意图，轻松理解条文内容。

5. 典型案例释疑。本书在相应条文下收录典型案例，提炼要旨，为读者精准理解条文提供类案指引。

6. 配套附录实用。书末"附录"部分收录的均为重要的相关法律、法规和司法解释，使读者在使用中更为便捷，使全书更为实用。

需要说明的是，本丛书中"适用提要""条文主旨""条文注释"等内容皆是编者为方便读者阅读、理解而编写，不同于国家正式通过、颁布的法律文本，不具有法律效力。本丛书不足之处，恳请读者批评指正。

我们用心打磨本丛书，以期待为法律相关专业的学生释法解疑，致力于为每个公民的合法权益撑起法律的保护伞。

法律出版社法规中心

2024年12月

目 录

《中华人民共和国精神卫生法》适用提要 …………… 1

中华人民共和国精神卫生法

第一章 总 则 …………………………………… 7
 第一条 立法宗旨 …………………………… 7
 第二条 调整范围 …………………………… 8
 第三条 精神卫生工作的方针和原则 ………… 9
 第四条 保护精神障碍患者权益 ……………… 10
 第五条 尊重、理解、关爱精神障碍患者 …… 11
 第六条 精神卫生工作管理机制 ……………… 12
 第七条 各级人民政府的工作职责 …………… 14
 第八条 有关部门的工作职责 ………………… 16
 第九条 监护人职责 …………………………… 16
 第十条 社会团体、基层群众性自治组织的
     职责 …………………………………… 18
 第十一条 人才培养、科技研究和国际交流
      与合作 ……………………………… 19
 第十二条 鼓励社会力量参与和表彰奖励 …… 20

第二章 心理健康促进和精神障碍预防 ………… 21
 第十三条 各级人民政府的预防职责 ………… 21
 第十四条 心理援助 …………………………… 22

第十五条　用人单位的预防义务 ………………………… 23
　　第十六条　学校的预防义务 ……………………………… 23
　　第十七条　医务人员开展心理健康指导 ………………… 25
　　第十八条　监狱等场所的预防义务 ……………………… 26
　　第十九条　有关部门进行督促和指导 …………………… 27
　　第二十条　基层群众性自治组织的预防职责 …………… 27
　　第二十一条　家庭的责任 ………………………………… 28
　　第二十二条　公益性宣传 ………………………………… 28
　　第二十三条　心理咨询 …………………………………… 28
　　第二十四条　监测网络与工作信息共享机制 …………… 29

第三章　精神障碍的诊断和治疗 ……………………………… 30
　　第二十五条　开展诊疗活动的条件 ……………………… 30
　　第二十六条　诊疗活动应遵循的原则 …………………… 31
　　第二十七条　精神障碍诊断的依据 ……………………… 31
　　第二十八条　疑似精神障碍患者的送诊 ………………… 32
　　第二十九条　精神障碍的诊断 …………………………… 34
　　第三十条　精神障碍患者住院治疗的原则 ……………… 35
　　第三十一条　有伤害自身行为或危险的精神障碍
　　　　　　　　患者的治疗 ………………………………… 36
　　第三十二条　再次诊断和鉴定 …………………………… 37
　　第三十三条　鉴定人面见患者及鉴定人回避 …………… 38
　　第三十四条　鉴定的基本要求 …………………………… 39
　　第三十五条　住院治疗 …………………………………… 39
　　第三十六条　办理住院手续 ……………………………… 41
　　第三十七条　医疗机构告知的义务 ……………………… 42
　　第三十八条　创造安全适宜的环境 ……………………… 43
　　第三十九条　治疗方案及告知 …………………………… 44

第四十条　保护性医疗措施 …………………… 45
第四十一条　药物的使用 ……………………… 46
第四十二条　精神外科手术 …………………… 47
第四十三条　特殊治疗措施及程序 …………… 48
第四十四条　出院 ……………………………… 49
第四十五条　办理出院手续 …………………… 50
第四十六条　通讯和会见探访者的权利 ……… 51
第四十七条　病历资料 ………………………… 52
第四十八条　不得推诿、拒绝治疗其他疾病 … 53
第四十九条　监护人的看护职责 ……………… 54
第五十条　卫生行政部门定期检查 …………… 55
第五十一条　心理治疗 ………………………… 55
第五十二条　保证被监管人员获得治疗 ……… 56
第五十三条　与治安管理处罚法和刑法的衔接 … 57

第四章　精神障碍的康复 ……………………… 58
第五十四条　社区康复机构在康复方面的义务 … 58
第五十五条　医疗机构在康复方面的义务 …… 59
第五十六条　基层群众性自治组织在康复
　　　　　　方面的义务 ……………………… 61
第五十七条　残疾人组织在康复方面的义务 … 66
第五十八条　用人单位在康复方面的义务 …… 67
第五十九条　监护人在康复方面的义务 ……… 68

第五章　保障措施 ………………………………… 69
第六十条　精神卫生工作规划 ………………… 69
第六十一条　政府的职责 ……………………… 69
第六十二条　精神卫生工作经费 ……………… 70
第六十三条　加强基层精神卫生服务体系建设 … 70

第六十四条　培养精神医学专门人才 …………… 71
第六十五条　综合医院开设精神科门诊、心理
　　　　　　治疗门诊 ……………………………… 72
第六十六条　精神卫生知识培训 ………………… 73
第六十七条　对师范学校和教师的特殊要求 …… 73
第六十八条　精神障碍患者的医疗保障 ………… 74
第六十九条　对贫困的严重精神障碍患者的
　　　　　　社会救助 ……………………………… 76
第七十条　精神障碍患者教育就业权利的保障 …… 78
第七十一条　精神卫生工作人员的保障 ………… 79

第六章　法律责任 …………………………………… 81

第七十二条　管理部门的法律责任 ……………… 81
第七十三条　不符合规定条件的医疗机构的
　　　　　　法律责任 ……………………………… 81
第七十四条　医疗机构及其工作人员的法律
　　　　　　责任 …………………………………… 83
第七十五条　医疗机构及其工作人员的法律
　　　　　　责任 …………………………………… 83
第七十六条　心理咨询、心理治疗违法行为的
　　　　　　法律责任 ……………………………… 84
第七十七条　侵犯患者隐私的法律责任 ………… 86
第七十八条　侵犯患者或其他公民权益的民事
　　　　　　责任 …………………………………… 86
第七十九条　监护人的法律责任 ………………… 87
第八十条　依法给予治安管理处罚 ……………… 88
第八十一条　追究刑事责任 ……………………… 89
第八十二条　司法救济 …………………………… 89

第七章　附　则 …………………………………… 90
　　第八十三条　相关概念 ………………………… 90
　　第八十四条　军队的精神卫生工作 …………… 90
　　第八十五条　施行日期 ………………………… 91

附　录

中华人民共和国残疾人保障法(2018.10.26修正) …… 92
中华人民共和国民法典(节录)(2020.5.28) ………… 106
中华人民共和国基本医疗卫生与健康促进法
　(节录)(2019.12.28) ……………………………… 108
中华人民共和国刑事诉讼法(节录)(2018.10.26
　修正) ………………………………………………… 109
中华人民共和国国民经济和社会发展第十四个
　五年规划和2035年远景目标纲要(节录)
　(2021.3.11) ………………………………………… 111

《中华人民共和国精神卫生法》适用提要

2012年10月26日第十一届全国人民代表大会常务委员会第二十九次会议通过了《精神卫生法》[①],自2013年5月1日起施行。2018年4月27日第十三届全国人民代表大会常务委员会第二次会议通过《关于修改〈中华人民共和国国境卫生检疫法〉等六部法律的决定》,对《精神卫生法》进行了修改。《精神卫生法》是发展精神卫生事业、规范精神卫生服务、维护精神障碍患者合法权益的重要法律。

《精神卫生法》共7章85条,对精神卫生工作的方针原则和管理机制、心理健康促进和精神障碍预防、精神障碍的诊断和治疗、精神障碍的康复、精神卫生工作的保障措施、维护精神障碍患者合法权益等作了规定。

1. 关于精神卫生工作的方针原则和管理机制

《精神卫生法》规定,精神卫生工作实行预防为主的方针,坚持预防、治疗和康复相结合的原则,实行政府组织领导、部门各负其责、家庭和单位尽力尽责、全社会共同参与的

---

① 为方便读者阅读,本书中的法律法规名称均使用简称。

综合管理机制。

2. 关于心理健康促进和精神障碍预防

《精神卫生法》要求各级政府及有关部门采取措施，加强心理健康促进和精神障碍预防工作，提高公众心理健康水平；用人单位应当创造有益于职工身心健康的工作环境，关注职工的心理健康；各级各类学校应当配备或者聘请心理健康教育教师、辅导人员，对学生进行心理健康教育。考虑到家庭在精神障碍预防和患者看护方面具有重要作用，《精神卫生法》明确了家庭的相关责任，要求家庭成员之间应当相互关爱，创造良好、和睦的家庭环境，提高精神障碍预防意识；发现家庭成员可能患有精神障碍的，应当帮助其及时就诊，照顾其生活，做好看护管理。此外，《精神卫生法》还对医务人员、监狱等场所、社区、新闻媒体、社会组织、心理咨询人员等在心理健康促进和精神障碍预防方面的责任作出了规定。

3. 关于精神障碍的诊断和治疗

《精神卫生法》规定了医疗机构开展精神障碍诊断、治疗应当具备的条件和应当遵循的原则，完善了精神障碍诊断、治疗、住院、出院等程序，明确了医疗机构及其医务人员应当履行的义务，加强了卫生行政部门对医疗机构的监督，强化了对精神障碍患者权利的保护，规范了精神卫生服务。关于非自愿住院治疗，《精神卫生法》严格限定了非自愿住院治疗的条件和程序，明确是否患有精神障碍以及是否达到需要住院治疗的程度是医学上的专业判断，应当由精神科执业医师以就诊者的精神健康状况为依据，严格按照精神障碍诊断标准和治疗规范出具诊断结论。

4.关于精神障碍的康复

《精神卫生法》规定,社区康复机构应当为需要康复的精神障碍患者提供场所和条件,对患者进行生活自理能力和社会适应能力等方面的康复训练;医疗机构应当为社区康复机构提供有关精神障碍康复的技术指导和支持。此外,《精神卫生法》还规定了基层卫生服务机构、村民委员会、居民委员会、残疾人组织、用人单位、监护人等在患者康复方面的责任。

5.关于精神卫生工作的保障措施

《精神卫生法》从人、财、物3个方面加强精神障碍预防、治疗和康复服务能力建设,保障和促进精神卫生事业的发展:一是加强精神医学的教学和研究,培养精神医学专门人才;规定卫生行政部门应当组织医务人员进行精神卫生知识培训,提高其识别精神障碍的能力;明确有关单位应当加强对精神卫生工作人员的职业保护,提高其待遇水平,并按照规定给予适当的津贴。二是要求政府加大财政投入力度,保障精神卫生工作所需经费,将精神卫生工作经费列入本级财政预算;扶持贫困地区、边远地区的精神卫生工作,保障城市社区、农村基层精神卫生工作所需经费。三是规定政府统筹规划、整合资源,建设和完善精神卫生服务体系,鼓励和支持社会力量举办精神障碍医疗机构和康复机构;明确综合性医疗机构应当按照国务院卫生健康主管部门的规定开设精神科门诊或者心理治疗门诊,开展精神障碍诊断、治疗的医疗机构应当配备满足精神障碍诊疗需要的设施和设备。

6. 关于维护精神障碍患者合法权益

《精神卫生法》在"总则"中宣示：精神障碍患者的人格尊严、人身和财产安全不受侵犯；精神障碍患者的教育、劳动、医疗以及从国家和社会获得物质帮助等方面的合法权益受法律保护；有关单位和个人应当对精神障碍患者的姓名、肖像、病历资料等信息予以保密；任何组织或者个人不得歧视、侮辱、虐待精神障碍患者，不得非法限制精神障碍患者的人身自由。同时，《精神卫生法》还对保障精神障碍患者的权利作出了一些具体规定，主要有：一是保障精神障碍患者获得救治、康复的权利。医疗机构接到送诊的疑似精神障碍患者，不得拒绝为其作出诊断；不得因就诊者是精神障碍患者，推诿或者拒绝为其治疗属于该医疗机构诊疗范围的其他疾病。二是保障精神障碍患者接受教育和就业的权利。政府及有关部门应当采取有效措施，保证患有精神障碍的适龄儿童、少年接受义务教育，扶持有劳动能力的精神障碍患者从事力所能及的劳动，并为已经康复的人员提供就业服务。三是保障精神障碍患者知情同意等权利。医疗机构及其医务人员应当将精神障碍患者在诊疗过程中享有的权利以及治疗方案和治疗方法、目的及可能产生的后果告知患者或者其监护人；除在急性发病期或者为了避免妨碍治疗可以暂时性限制外，不得限制精神障碍患者的通讯和会见探访者等权利；自愿住院治疗的精神障碍患者可以随时要求出院，医疗机构应当同意。四是保障精神障碍患者申请救济的权利。对已经发生危害他人安全行为或者危险的严重精神障碍患者实施住院治疗，患者或者其监护人对需要住院治疗的诊断结论有异议的，可以要求再次诊断；对再次诊断结论有异议的，可以自主委托依法取得执业资质的鉴定机构进行精神障碍医学鉴定。为保障精神障碍患者的司法救济权利，还明确规定精神障碍患者或者其监护人、近亲属认为有关单位和个人侵害精神障碍患者合法权益的，可以依法提起诉讼。

中华人民共和国精神卫生法

（2012年10月26日第十一届全国人民代表大会常务委员会第二十九次会议通过　根据2018年4月27日第十三届全国人民代表大会常务委员会第二次会议《关于修改〈中华人民共和国国境卫生检疫法〉等六部法律的决定》修正）

第一章　总　　则

第一条　【立法宗旨】[1]为了发展精神卫生事业，规范精神卫生服务，维护精神障碍患者的合法权益，制定本法。

条文注释[2]

本条是关于立法宗旨的规定。

精神卫生，是指开展精神障碍的预防、治疗和康复，促进公民心理健康的各项活动。精神卫生有狭义和广义之分。狭义的精神卫生，是指精神障碍的预防、医疗和康复工作，即对精神障碍患者早期发现、及时治疗，使其有效康复，最终回

---

[1][2]　条文主旨、条文注释为编者所加，仅供参考，下同。——编者注

归社会。广义的精神卫生,还包括促进全体公民心理健康的内容,通过政府及有关部门、用人单位、学校、新闻媒体等单位的工作,促进公民了解精神卫生知识,提高社会公众的心理健康水平。本法使用的是广义的精神卫生概念。

第二条　【调整范围】在中华人民共和国境内开展维护和增进公民心理健康、预防和治疗精神障碍、促进精神障碍患者康复的活动,适用本法。

▎条文注释

本条是关于本法调整范围的规定。主要包括以下3个方面。

1. 维护和增进公民心理健康

《精神卫生法》通过依法保障精神卫生事业的发展,做好精神障碍的预防、治疗和康复工作,旨在维护和增进全体公民的心理健康。通过积极有效的预防工作,人们可以了解精神卫生知识,从而在自己遇到问题时,能够及时调整心境,避免精神障碍的发生。同时,对于已经有精神障碍的患者,及时有效的治疗、康复工作能够使他们恢复精神健康,回归社会,这也是维护和增进公民心理健康的重要方面。

2. 预防和治疗精神障碍

在预防方面,本法明确了政府及有关部门、村民委员会、居民委员会、新闻媒体、社会组织、心理咨询机构、用人单位、家庭、学校、医务人员、监狱、拘留所、看守所、强制隔离戒毒所等在开展精神障碍预防方面的责任。

在治疗方面,对于一个精神障碍患者来说,首先应当解决的就是治疗问题。但这类患者本身有特殊性:许多严重精神障碍患者没有自知力,往往不愿意接受治疗。在这种情况下,哪些主体有权送精神障碍患者入院检查、治疗;医疗机构对这些送诊的患者应当如何进行诊断;如果诊断结论表明该患者需要住院治疗,应当经过什么样的程序来决定;患者或者其监护人不同意患者住院的,如何保障他们的救济权;患者住院后,医疗机构在治疗过程中,应当遵循什么样的原则和制度;如何保障患者的权利;患者如何出院等,这些都是本法在治疗方面规定的重要内容。这些规定,一方面,保障患者得到及时有效的治疗;另一方面,也可以保障患者或者公民的权利,避免强制住院治疗措施的滥用。

3. 促进精神障碍患者康复

康复是精神卫生工作"三部曲"(预防、治疗、康复)的最后一部,也是很重要的一部。因为绝大部分精神疾病属于慢性疾病,在急性期的治疗过后,患者病情稳定下来,这时往往就需要通过康复帮助其恢复各方面的能力,使之最终能痊愈,重新回归社会。关于精神障碍的康复,本法也作了专章的规定,明确了社区康复机构、医疗机构、村民委员会、居民委员会、残疾人组织、用人单位以及患者的监护人等主体在促进患者康复方面的职责。

第三条 【精神卫生工作的方针和原则】精神卫生工作实行预防为主的方针,坚持预防、治疗和康复相结合的原则。

条文注释

本条是关于精神卫生工作的方针和原则的规定。

预防是精神卫生工作中非常重要的一部分。积极有效的预防可以减少精神障碍的发生,提高全民的心理健康水平。精神卫生预防分为三级预防:(1)一级预防,是指病因预防,即通过消除或者减少致病因素来防止或减少精神障碍发生,属于最积极、最主动的预防措施;(2)二级预防的重点是早期发现、早期诊断、早期治疗,并争取疾病缓解后有良好的预后,防止复发;(3)三级预防的重点是做好精神障碍患者的康复训练,最大限度地促进患者社会功能的恢复,减少功能残疾,阻断疾病衰退的进程,提高患者的生活质量。

预防、治疗和康复是全程治疗3个不可分割的组成部分。大部分精神障碍是慢性疾病,并有可能导致某种程度的残疾。因此,精神障碍需要坚持预防、治疗和康复相结合的原则,3个方面都要重视,不能有所偏废。

第四条 【保护精神障碍患者权益】精神障碍患者的人格尊严、人身和财产安全不受侵犯。

精神障碍患者的教育、劳动、医疗以及从国家和社会获得物质帮助等方面的合法权益受法律保护。

有关单位和个人应当对精神障碍患者的姓名、肖像、住址、工作单位、病历资料以及其他可能推断出其身份的信息予以保密;但是,依法履行职责需要公开的除外。

条文注释

本条是关于保护精神障碍患者权益的规定。主要分为以下3个方面。

1. 精神障碍患者的人格尊严、人身和财产安全不受侵犯

人格尊严既是公民的一项宪法权利,也是一项民事权利。人格尊严权集中表现为姓名权、肖像权、荣誉权、名誉权和隐私权。人身安全、财产安全也是公民的宪法权利和民事权利。为了有效保护精神障碍患者的人身权益和财产权益,本法明确了任何组织或者个人不得歧视、侮辱、虐待精神障

碍患者,不得非法限制精神障碍患者的人身自由;精神障碍患者的监护人应当履行监护职责,维护精神障碍患者的合法权益等。同时,对侵害精神障碍患者人身权益、财产权益的违法行为规定了相应的法律责任,并明确了患者可以对侵犯其合法权益的行为依法提起诉讼,获得司法救济。

2. 精神障碍患者的合法权益受法律保护

对精神障碍患者的教育、劳动、医疗以及从国家和社会获得物质帮助等方面的合法权益进行保护,旨在维护患者在上学、就业、就医、社会保障等方面的合法权益不受侵犯。

3. 有关单位和个人应当对与精神障碍患者病情有关的信息予以保密

为了保护患者的隐私,防止与患者病情有关的信息由于非法外泄而给患者的正常生活、工作、就医等造成不必要的干扰,本条明确有关单位和个人应当对精神障碍患者的姓名、肖像、住址、工作单位、病历资料以及其他可能推断出其身份的信息予以保密。在遵守上述基本原则的前提下,也有例外规定,那就是有关单位或者个人依法履行职责需要公开的除外。例如,公安机关为查找走失的精神障碍患者,往往需要公开该患者的相关信息,便于他人提供线索进行查找。

关联法规

《宪法》第38、42条

第五条 【尊重、理解、关爱精神障碍患者】全社会应当尊重、理解、关爱精神障碍患者。

任何组织或者个人不得歧视、侮辱、虐待精神障碍患者,不得非法限制精神障碍患者的人身自由。

新闻报道和文学艺术作品等不得含有歧视、侮辱精神障碍患者的内容。

条文注释

本条是关于尊重、理解、关爱精神障碍患者，不得歧视、侮辱、虐待他们的规定。

歧视，是指对他人就某个缺陷、缺点、能力、出身以不平等的眼光对待。侮辱，是指用横暴无理的言行使人蒙受耻辱，包括进行人身污辱，污辱他人的人格尊严等。虐待，是指使用人身暴力和性暴力、威胁和恐吓、情感虐待和经济剥夺等手段，给受害者造成身体上的伤害和心理上的恐惧。本法规定，歧视、侮辱、虐待精神障碍患者，或者非法限制精神障碍患者人身自由，给精神障碍患者造成损害的，依法承担民事责任；如果违反《治安管理处罚法》，要依法给予治安管理处罚；如果构成犯罪，要依据《刑法》的相关规定追究刑事责任。新闻报道和文学艺术作品如果存在歧视、侮辱精神障碍患者的内容，造成不良社会影响，也需要依据相关法律规定追究相应的法律责任。

关联法规

《民法典》第 179 条

《刑法》第 246 条

第六条　【精神卫生工作管理机制】 精神卫生工作实行政府组织领导、部门各负其责、家庭和单位尽力尽责、全社会共同参与的综合管理机制。

条文注释

本条是关于精神卫生工作管理机制的规定。主要分为以下4个方面。

(1) 政府组织领导。本法规定,县级以上人民政府领导精神卫生工作,将其纳入国民经济和社会发展规划,建设和完善精神障碍的预防、治疗和康复服务体系,建立健全精神卫生工作协调机制和工作责任制。各级人民政府应当根据精神卫生工作需要,加大财政投入力度,保障精神卫生工作所需经费,将精神卫生工作经费列入本级财政预算。

(2) 部门各负其责。卫生健康、民政、公安、教育、司法行政、人力资源社会保障、中国残疾人联合会等部门、单位要依据本法的规定,在各自职责范围内采取有效措施。同时,要注意各部门之间的相互配合,既有分工,也有合作。例如,卫生健康部门要督促精神卫生机构承担精神障碍患者的救治职责,提高治疗与康复水平;民政部门要督促精神卫生机构承担在服役期间患精神障碍的复员、退伍军人的救治职责,并及时收容和治疗无劳动能力、无生活来源、无赡养人和无抚养人的精神障碍患者等。

(3) 家庭和单位尽力尽责。家庭和有关单位在精神障碍的预防、治疗和康复等方面也要依法承担相应的职责。

(4) 全社会共同参与。比如,新闻媒体开展精神卫生的公益性宣传,普及精神卫生知识,预防精神障碍的发生。村民委员会、居民委员会应当协助所在地人民政府及其有关部门开展社区心理健康指导、精神卫生知识宣传教育活动,创建有益于居民身心健康的社区环境等。

> **第七条　【各级人民政府的工作职责】**县级以上人民政府领导精神卫生工作,将其纳入国民经济和社会发展规划,建设和完善精神障碍的预防、治疗和康复服务体系,建立健全精神卫生工作协调机制和工作责任制,对有关部门承担的精神卫生工作进行考核、监督。
> 　　乡镇人民政府和街道办事处根据本地区的实际情况,组织开展预防精神障碍发生、促进精神障碍患者康复等工作。

条文注释

本条是关于各级人民政府在精神卫生工作中的职责的规定。

1. 县级以上人民政府的职责

根据本条第1款的规定,县级以上人民政府的精神卫生工作职责包括统一领导、纳入规划、建设体系、建立机制、考核监督5个方面。

(1) 统一领导,是指县级以上人民政府对精神卫生工作承担统一领导的职责。精神卫生是一项重要的公共卫生事业,所以各级人民政府应当承担统一领导的责任,在精神障碍的预防、治疗、康复,以及保障精神卫生事业发展等方面发挥重要作用。

(2) 纳入规划,是指县级以上人民政府将精神卫生工作纳入本级国民经济和社会发展规划。精神卫生工作,不仅是重大的公共卫生问题,同时也是公众关注的社会问题,所以政府必须将其纳入国民经济和社会发展规划,并根据国民经济和社会发展规划的要求,制定精神卫生工作规划并组织实施。

(3)建设体系,是指县级以上人民政府组织建设和完善精神障碍的预防、治疗和康复服务体系。做好精神障碍的预防、治疗和康复工作,需要建设和完善精神障碍的预防、治疗和康复服务体系;体系建立起来,才能解决当前精神卫生工作中存在的预防不力的问题及患者得不到及时的治疗、康复等突出问题,才能保障促进精神卫生事业的发展。

(4)建立机制,是指县级以上人民政府建立健全精神卫生工作协调机制和工作责任制。精神卫生工作涉及的政府部门比较多,包括卫生健康、司法行政、民政、公安、教育、人力资源社会保障等多个部门。要使这些部门能够依据各自职责做好工作,同时又能互相配合,形成合力,不因职责分工不清而形成监管空白或者职责交叉等问题,就需要政府组织建立由相关部门参加的工作协调机制,同时也通过协调机制来督促各部门落实好自己的工作责任制。

(5)考核监督,是指县级以上人民政府对有关部门承担的精神卫生工作进行考核、监督。为了督促卫生健康、司法行政、民政、公安、教育、人力资源社会保障等有关部门做好精神卫生工作,县级以上人民政府应当加强对这些部门的考核、监督。

2.乡镇人民政府和街道办事处的职责

本条第2款的规定明确了乡镇人民政府和街道办事处在精神卫生工作中的职责主要是预防和康复。其中,在预防方面,乡镇人民政府和街道办事处应当组织开展有关精神障碍的预防活动,指导村民委员会、居民委员会这些群众性自治组织开展社区心理健康指导、精神卫生知识宣传教育活动,创建有益于居民身心健康的社区环境等,以促进本乡镇或者本街道居民的心理健康。在康复方面,乡镇人民政府和街道办事处要积极支持社区卫生服务机构、乡镇卫生院、社区康复机构等开展精神障碍康复,以及为严重精神障碍患者建立健康档案,对在家居住的严重精神障碍患者进行定期随访等工作,并为有精神障碍患者的困难家庭解决实际困难,为精神障碍患者融入社会创造条件。

第八条 【有关部门的工作职责】国务院卫生行政部门主管全国的精神卫生工作。县级以上地方人民政府卫生行政部门主管本行政区域的精神卫生工作。

县级以上人民政府司法行政、民政、公安、教育、医疗保障等部门在各自职责范围内负责有关的精神卫生工作。

条文注释

本条是关于卫生健康部门及有关部门在精神卫生工作中的职责规定。

国务院卫生健康行政部门主管全国的精神卫生工作,县级以上地方人民政府卫生健康行政部门主管本行政区域的精神卫生工作。这一规定明确了卫生健康部门是精神卫生工作的主管部门。

卫生健康部门作为主管部门,在精神卫生工作中承担主要职责,但其他有关部门也要在各自职责范围内,做好有关的精神卫生工作。这些部门包括司法行政、民政、公安、教育、人力资源社会保障等部门。

第九条 【监护人职责】精神障碍患者的监护人应当履行监护职责,维护精神障碍患者的合法权益。

> 禁止对精神障碍患者实施家庭暴力,禁止遗弃精神障碍患者。

条文注释

本条是关于监护人职责和禁止对精神障碍患者实施家庭暴力、遗弃行为的规定。

监护人,是指对无行为能力或限制行为能力的人的人身、财产和其他一切合法权益负有监督和保护责任的人。一般来说,对未成年人、严重精神障碍患者,都应设置监护人。我国《民法典》规定的监护人有以下3种情况:(1)监护人的近亲属,包括父母、子女、配偶、兄弟姐妹、祖父母、外祖父母、孙子女、外孙子女。(2)此外,关系密切的其他亲属和朋友也可以担任监护人。(3)如果没有上述监护人,则由社会和国家负责,由所在单位或者居民委员会、村民委员会或者民政部门担任监护人。这里应当指出的是,并不是所有的精神障碍患者都需要设置监护人,病情比较轻微,自身具有民事行为能力的患者,不需要设置监护人;病情比较重,自身丧失了民事行为能力的患者,则需要设置监护人。

精神障碍患者的监护人的法定职责包括:一是保护被监护人的人身、财产等合法权益;二是管理被监护人的财产;三是代理被监护人进行民事活动;四是照顾被监护人;五是代理被监护人进行诉讼;六是对被监护人给他人造成的损害承担民事责任。

本条第2款规定禁止对精神障碍患者实施家庭暴力,禁止遗弃精神障碍患者。家庭暴力,是指发生在家庭成员之间的,以殴打、捆绑、禁闭、残害或者其他手段对家庭成员从身体、精神等方面进行伤害和摧残的行为。遗弃,是指对于年老、年幼、患病或者其他没有独立生活能力的人,负有赡养、扶养、抚养义务而拒绝赡养、扶养、抚养的行为。对于没有独立生活能力的精神障碍患者,其监护人或者其他具有赡养、扶养、抚养义务的人不履行对其赡养、扶养、抚养义务的,构成遗弃行为,是法律所禁止的。

关联法规

《民法典》第23、27、28条

第十条 【社会团体、基层群众性自治组织的职责】 中国残疾人联合会及其地方组织依照法律、法规或者接受政府委托,动员社会力量,开展精神卫生工作。

村民委员会、居民委员会依照本法的规定开展精神卫生工作,并对所在地人民政府开展的精神卫生工作予以协助。

国家鼓励和支持工会、共产主义青年团、妇女联合会、红十字会、科学技术协会等团体依法开展精神卫生工作。

条文注释

本条是关于中国残疾人联合会等团体开展精神卫生相关工作的规定。

做好精神障碍的预防、治疗和康复工作,不仅需要各级人民政府及其有关部门发挥主导作用,需要家庭承担应有的扶助义务,还需要积极发挥社会组织的力量。其中,各级残疾人联合会组织、基层群众性自治组织以及工会、共产主义青年团、妇女联合会、红十字会、科学技术协会等社会团体,与群众联系密切,贴近基层生活,在服务特定人群方面有得天独厚的优势,也负有相应职责,应当充分发挥好这些团体在精神卫生工作方面的作用。

> **第十一条 【人才培养、科技研究和国际交流与合作】**国家鼓励和支持开展精神卫生专门人才的培养,维护精神卫生工作人员的合法权益,加强精神卫生专业队伍建设。
>
> 国家鼓励和支持开展精神卫生科学技术研究,发展现代医学、我国传统医学、心理学,提高精神障碍预防、诊断、治疗、康复的科学技术水平。
>
> 国家鼓励和支持开展精神卫生领域的国际交流与合作。

条文注释

本条是关于精神卫生人才培养、科技研究和国际合作的规定。

精神卫生是以人的精神活动为工作对象的,无论是精神障碍预防教育,还是治疗干预和康复,都需要高度专业化和技术化。做好精神卫生工作,人才和技术是基础,应当高度重视加强精神卫生工作队伍建设和科研工作。

从某种意义上讲,预防、诊治精神障碍比其他疾病更需要技术和人文相结合的复杂专业技术。要做好精神卫生工作,妥善处理好突出问题,还需要加快精神卫生科学技术研究,发展现代医学、我国传统医学、心理学,切实提高精神障碍预防、诊断、治疗、康复各个环节的科学技术水平。需要指出的是,本条中规定的"我国传统医学"源于宪法规定,包括中医学和其他各民族的传统医学。

第十二条 【鼓励社会力量参与和表彰奖励】各级人民政府和县级以上人民政府有关部门应当采取措施,鼓励和支持组织、个人提供精神卫生志愿服务,捐助精神卫生事业,兴建精神卫生公益设施。

对在精神卫生工作中作出突出贡献的组织、个人,按照国家有关规定给予表彰、奖励。

条文注释

本条是关于政府鼓励社会组织、个人参与精神卫生事业和表彰奖励的规定。

做好精神卫生工作,解决精神卫生突出问题,除了各级人民政府发挥主导作用、社会团体发挥协助配合作用、家庭承担应有的扶助义务等主渠道外,还需要积极吸纳社会组织和个人参与到精神卫生工作中来,充分发动全社会力量来营造尊重、理解、关爱精神障碍患者的良好社会氛围。为此,各级人民政府和县级以上人民政府有关部门应当采取相应措施,鼓励和支持社会参与精神卫生相关工作,鼓励和支持他们提供精神卫生志愿服务,捐助精神卫生事业,兴建精神卫生公益设施等。各级人民政府及其部门应当鼓励和支持开展精神卫生志愿服务,为志愿服务提供制度支持和便利条件,通过志愿服务来为精神障碍患者的治疗和康复以及精神障碍患者家庭减轻负担、提供支持。各级人民政府及其部门还应当通过各种途径,为社会组织和个人捐助精神卫生事业提供便利,提高实效。社会组织和个人兴建精神卫生设施的,各级人民政府及其部门也应当予以鼓励和支持。

由各级人民政府及其部门按照国家有关规定进行表彰奖励,既表明了一种官方态度,对社会具有倡导意义,对从事相关工作者是一种鼓励,又是实实在在的精神和物质奖励,是对被奖励者的额外奖赏。国家奖励,是指各级人民政府和有关部门为了表彰先进、激励后进、充分调动人们的积极性和创造性,依照既定条件和程序,对作出突出贡献、显著成绩的组织和个人给予物质的或者精神的奖励的一种具体行政行为。国家奖励包括表彰和奖励,表彰主要是精神奖励,如通报表扬、给予荣誉称号,奖励一般是给予一定的奖金、经费等。实施表彰、奖励的主体是国家行政机关,包括各级人民政府和县级以上人民政府有关部门。受表彰和奖励的对象是在精神卫生工作中作出突出贡献的组织、个人。

第二章　心理健康促进和精神障碍预防

> **第十三条　【各级人民政府的预防职责】**各级人民政府和县级以上人民政府有关部门应当采取措施,加强心理健康促进和精神障碍预防工作,提高公众心理健康水平。

条文注释

本条是关于各级人民政府及其部门加强心理健康促进和精神障碍预防工作的规定。

防治结合是医疗服务的通行原则。在精神障碍疾病方面,预防的作用更为重要和关键。很多精神障碍的发病原因是清楚的,通过必要的预防措施,能使精神障碍不发生、少发生以及减轻危害。

我国精神卫生工作的综合管理体制为:政府组织领导、

部门各负其责、家庭和单位尽力尽责、全社会共同参与。各级人民政府及其有关部门作为精神卫生工作的领导机关、主管机关,应当贯彻落实精神卫生工作的既定方针,除了在诊治精神障碍和精神障碍患者康复等方面加大工作力度,解决突出问题,还要在预防环节、提高全社会精神卫生意识等根本性问题上达成共识,采取措施,夯实我国精神卫生工作的基础。

第十四条 【心理援助】各级人民政府和县级以上人民政府有关部门制定的突发事件应急预案,应当包括心理援助的内容。发生突发事件,履行统一领导职责或者组织处置突发事件的人民政府应当根据突发事件的具体情况,按照应急预案的规定,组织开展心理援助工作。

条文注释

本条是关于心理援助的规定。

《突发事件应对法》明确规定,国家建立健全突发事件应急预案体系,应急预案应当根据该法和其他有关法律、法规的规定,针对突发事件的性质、特点和可能造成的社会危害,具体规定突发事件应对管理工作的组织指挥体系与职责和突发事件的预防与预警机制、处置程序、应急保障措施以及事后恢复与重建措施等内容。

实践中,在出现重大自然灾害这类突发事件时,在安排好受灾群众生产生活的同时,提供必要及时的心理援助可以帮助灾区群众调整心理,积极应对灾难,顺利渡过难关,恢复正常社会生活。

关联法规

《突发事件应对法》第28条

第十五条 【用人单位的预防义务】用人单位应当创造有益于职工身心健康的工作环境,关注职工的心理健康;对处于职业发展特定时期或者在特殊岗位工作的职工,应当有针对性地开展心理健康教育。

> **条文注释**
>
> 本条是关于用人单位有关精神障碍预防义务的规定。
>
> 用人单位作为职工活动的主要场所,其工作环境是影响职工心理健康的重要因素。《劳动法》侧重于劳动安全卫生方面,要求用人单位必须建立、健全劳动安全卫生制度,本法进一步要求,用人单位应当关注职工的心理健康,开展心理健康教育,有条件的大型用人单位还应当配备合格的心理咨询专业人员,并为有心理咨询需要的职工提供心理咨询服务,尽量为疏导和缓减职工的心理压力提供制度保障。
>
> 用人单位在预防职工精神障碍方面的义务主要包括两个方面:一是面向所有职工的,包括创造有益于职工身心健康的工作环境,关注职工的心理健康,还包括开展一些减压活动;二是针对特定职工的,如某些处于职业发展特定时期或者在特殊岗位工作的职工,其心理容易产生波动,容易产生精神障碍问题,属于精神障碍预防工作的重点。

第十六条 【学校的预防义务】各级各类学校应当对学生进行精神卫生知识教育;配备或者聘请心理健康教育教师、辅导人员,并可以设立心理健康辅导室,对学生进行心理健康教育。学前教育机构应当对幼儿开展符合其特点的心理健康教育。

> 发生自然灾害、意外伤害、公共安全事件等可能影响学生心理健康的事件,学校应当及时组织专业人员对学生进行心理援助。
> 　　教师应当学习和了解相关的精神卫生知识,关注学生心理健康状况,正确引导、激励学生。地方各级人民政府教育行政部门和学校应当重视教师心理健康。
> 　　学校和教师应当与学生父母或者其他监护人、近亲属沟通学生心理健康情况。

条文注释

本条是关于学校有关精神障碍预防义务的规定。

目前,儿童和青少年心理行为问题已逐渐成为突出问题。在学校开展心理健康教育,普及精神卫生知识,是开展精神卫生预防工作的重要环节,不仅可以对广大学生有针对性地做好精神卫生预防工作,也可以通过学生对学生家庭乃至整个社会产生积极影响,加大社会对精神卫生的普及度和重视程度。从长远来看,切实做好这项工作有利于筑牢精神卫生工作的社会基础。

本条第 1 款规定了各级各类学校应当开展精神卫生知识教育。在小学可以以游戏和活动为主;在初中以活动和体验为主;在高中以体验和调适为主,并提倡课内与课外、教育与指导、咨询与服务的紧密配合;大学应当坚持课堂教育与课外活动相结合;对于幼儿,有关学前教育机构也应当开展符合幼儿特点的心理健康教育。

本条第 2 款规定发生自然灾害、意外伤害、公共安全事件等情况时,特别是造成人员伤亡和财产损失时,学校应当及时组织专业人员,有针对性地对学生进行心理援助,及时缓解学生紧张、恐惧等情绪。当然,一旦发生重大自然灾害等突发事件,各相关部门应当在各级人民政府统一领导下协作配合,学校在教育部门和卫生健康部门的协调指导下开展相关心理援助工作。

本条第3款从两个层面作了规定:一是教师的义务,应当将教师心理健康教育作为教师职业道德教育的一个方面,同时教师应当学习和了解相关精神卫生知识,有意识地关注学生心理健康状况,正确引导、激励学生。二是应当关心教师,重视教师的心理健康。本法第67条专门对教师精神卫生学习和培训作了规定。

本条第4款规定了学校和教师应当定期与家长沟通情况的义务,尤其对一些有精神障碍史或者异常行为的学生,有利于尽快发现问题,及时预防精神障碍发生,防止危害后果发生。

关联法规

《教育部关于加强中小学心理健康教育的若干意见》
《中小学心理健康教育指导纲要(2012年修订)》

第十七条 【医务人员开展心理健康指导】医务人员开展疾病诊疗服务,应当按照诊断标准和治疗规范的要求,对就诊者进行心理健康指导;发现就诊者可能患有精神障碍的,应当建议其到符合本法规定的医疗机构就诊。

条文注释

本条是关于医务人员对就诊者进行心理健康指导的规定。

加强医疗环节的心理健康指导,是精神卫生预防工作的重要组成部分。本条规定了精神障碍诊断治疗以外的医务人员的有关精神卫生预防的职责。(1)义务主体,本条规定的"医务人员",是指除精神障碍诊断、治疗以外的医疗机构各科的医务人员。也就是说,医务人员在治疗躯体疾病时,应当承担相关的精神卫生预防义务。(2)法定义务有两项:一项是对就诊者进行心理健康指导;另一项是提出尽快到医疗机构接受精神障碍诊断、治疗的建议。(3)一般医务人员提供的心理健康指导,主要是说明病情,疏导心理,并不同于精神卫生专业机构等专业医务人员提供的意见和精神障碍诊断、治疗结论。(4)对可能患有精神障碍的就诊者,医务人员应当提出建议,这是医务人员的义务。

第十八条　【监狱等场所的预防义务】监狱、看守所、拘留所、强制隔离戒毒所等场所,应当对服刑人员,被依法拘留、逮捕、强制隔离戒毒的人员等,开展精神卫生知识宣传,关注其心理健康状况,必要时提供心理咨询和心理辅导。

条文注释

本条是关于监狱、看守所等场所履行精神障碍预防义务的规定。

被监管人员的人身自由受到限制,且其违法行为或者犯罪行为即将或者已经受到法律追究,其对社会地位、前途、家庭等方面的担忧,必然会让他们产生一定的心理压力,可能会发生与同监人殴斗,或者自杀、自残、抵触改造等行为。为了有效缓解被监管人员的心理压力,使他们充分认识到其违法行为的性质,有利于他们重新做人,同时有利于维护正常的监所秩序,本条规定由羁押、管教机关对被监管人员开展精神卫生知识宣传,以及在必要时提供心理咨询,这是十分必要的。

> **关联法规**
>
> 《监狱教育改造工作规定》第45条

第十九条　【有关部门进行督促和指导】县级以上地方人民政府人力资源社会保障、教育、卫生、司法行政、公安等部门应当在各自职责范围内分别对本法第十五条至第十八条规定的单位履行精神障碍预防义务的情况进行督促和指导。

> **条文注释**
>
> 本条是关于政府有关部门对履行精神障碍预防义务的单位进行督促和指导的规定。
>
> 精神卫生属于公共卫生,因此政府要首先负起责任。精神卫生又属于大卫生,涉及许多部门,因此需要在卫生健康行政部门的主管下,各部门各负其责。
>
> 需要说明的是,本法第15~18条规定了有关单位或人员履行精神障碍的预防义务,但在"法律责任"一章中并没有规定这些单位或者个人未履行义务或者未完全履行义务的法律责任。

第二十条　【基层群众性自治组织的预防职责】村民委员会、居民委员会应当协助所在地人民政府及其有关部门开展社区心理健康指导、精神卫生知识宣传教育活动,创建有益于居民身心健康的社区环境。

乡镇卫生院或者社区卫生服务机构应当为村民委员会、居民委员会开展社区心理健康指导、精神卫生知识宣传教育活动提供技术指导。

关联法规

《村民委员会组织法》第 5、9 条
《城市居民委员会组织法》第 3 条

第二十一条 【家庭的责任】家庭成员之间应当相互关爱,创造良好、和睦的家庭环境,提高精神障碍预防意识;发现家庭成员可能患有精神障碍的,应当帮助其及时就诊,照顾其生活,做好看护管理。

第二十二条 【公益性宣传】国家鼓励和支持新闻媒体、社会组织开展精神卫生的公益性宣传,普及精神卫生知识,引导公众关注心理健康,预防精神障碍的发生。

第二十三条 【心理咨询】心理咨询人员应当提高业务素质,遵守执业规范,为社会公众提供专业化的心理咨询服务。

心理咨询人员不得从事心理治疗或者精神障碍的诊断、治疗。

心理咨询人员发现接受咨询的人员可能患有精神障碍的,应当建议其到符合本法规定的医疗机构就诊。

心理咨询人员应当尊重接受咨询人员的隐私,并为其保守秘密。

条文注释

本条是关于心理咨询的规定。

心理咨询,也称为预防性咨询,是运用心理学技术和方法帮助健康人解决生活中遇到的各种心理困扰,预防心理问题演变为心理障碍,促进心理健康的活动。心理咨询对精神障碍的预防具有重要作用。接受心理咨询,获得专业帮助,可以有效摆脱心理困境,防止心理问题演变为精神障碍。

本条第1款对心理咨询人员执业提出的要求较为原则。

关于心理咨询人员的执业范围,本条第2款除强调心理咨询人员不得从事精神障碍的诊断、治疗以外,还强调心理咨询人员不得从事心理治疗。

第2款规定心理咨询人员不得从事精神障碍的诊断、治疗,因此,第3款规定,心理咨询人员发现接受咨询的人员可能患有精神障碍的,应当建议其到符合本法规定的医疗机构就诊。

第4款重点强调了心理咨询人员应当尊重接受咨询人员的隐私,并为其保守秘密。本法第76条第2款规定,心理咨询人员在心理咨询活动中造成他人人身、财产或者其他损害的,依法承担民事责任。就包括了心理咨询人员侵犯客户的隐私权的情形。

关联法规

《国务院办公厅转发卫生部等部门关于进一步加强精神卫生工作指导意见的通知》

第二十四条 【监测网络与工作信息共享机制】国务院卫生行政部门建立精神卫生监测网络,实行严重精神障碍发病报告制度,组织开展精神障碍发生状况、发展趋势等的监测和专题调查工作。精神卫生监测和严重精神障碍发病报告管理办法,由国务院卫生行政部门制定。

国务院卫生行政部门应当会同有关部门、组织,建立精神卫生工作信息共享机制,实现信息互联互通、交流共享。

第三章　精神障碍的诊断和治疗

第二十五条　【开展诊疗活动的条件】开展精神障碍诊断、治疗活动,应当具备下列条件,并依照医疗机构的管理规定办理有关手续:

(一)有与从事的精神障碍诊断、治疗相适应的精神科执业医师、护士;

(二)有满足开展精神障碍诊断、治疗需要的设施和设备;

(三)有完善的精神障碍诊断、治疗管理制度和质量监控制度。

从事精神障碍诊断、治疗的专科医疗机构还应当配备从事心理治疗的人员。

条文注释

本条是关于设立精神卫生医疗机构条件的规定。

我国的精神卫生医疗机构分为精神专科医院、综合医院设立的精神科和精神病防治所(站、中心)。

二级及以上综合性医院应当设立精神科(临床心理科)门诊,有条件的机构可设置病房。本法根据我国精神卫生工作的实际,对综合医院开设精神科门诊或者心理治疗门诊提出了要求。综合医院设置精神科,首先必须满足本法规定的条件,即本条规定的3项条件,其次要到批准其设立的人民政府卫生健康行政部门办理变更登记,按照核准登记的诊疗科目开展诊疗活动。

本条第2款规定,从事精神障碍诊断、治疗的专科机构应当配备从事心理治疗的人员,能够为我国的精神障碍患者提供更多、更好的治疗手段,同时提高我国的心理治疗水平并发展心理治疗师队伍。

关联法规

《医疗机构管理条例》

第二十六条 【诊疗活动应遵循的原则】精神障碍的诊断、治疗,应当遵循维护患者合法权益、尊重患者人格尊严的原则,保障患者在现有条件下获得良好的精神卫生服务。

精神障碍分类、诊断标准和治疗规范,由国务院卫生行政部门组织制定。

条文注释

本条是关于诊疗原则和诊疗规范制定的规定。

根据我国《宪法》和有关政策的规定,以及联合国决议的精神,本条第1款规定,在精神障碍的诊断、治疗过程中,精神卫生医务人员应当遵循维护患者合法权益、尊重患者人格尊严的原则。

关联法规

《宪法》第38条

《国务院办公厅转发卫生部等部门关于进一步加强精神卫生工作指导意见的通知》

《严重精神障碍管理治疗工作规范(2018年版)》

第二十七条 【精神障碍诊断的依据】精神障碍的诊断应当以精神健康状况为依据。

除法律另有规定外,不得违背本人意志进行确定其是否患有精神障碍的医学检查。

条文注释

本条是关于精神障碍诊断依据的规定。

本条第 1 款规定,精神障碍的诊断应当以科学的医学手段、精神健康状况为依据,不能以就诊者的政治、经济、社会地位或者文化、种族、宗教信仰的因素作为依据。

本条第 2 款规定,除法律另有规定外,不得违背本人意志进行确定其是否患有精神障碍的医学检查。此处的"法律另有规定",即是依照本法第 28 条规定的就诊程序,个人可以自行到医疗机构进行精神障碍的诊断,其近亲属也可以协助其到医疗机构进行诊断。只有在个人发生伤害自身、危害他人安全的行为,或者有伤害自身、危害他人安全的危险,且在外人看来属于疑似精神障碍患者的情况下,其近亲属、所在单位、当地公安机关才可以违背其本人意志,将其送往医疗机构进行精神障碍诊断。

第二十八条 【疑似精神障碍患者的送诊】 除个人自行到医疗机构进行精神障碍诊断外,疑似精神障碍患者的近亲属可以将其送往医疗机构进行精神障碍诊断。对查找不到近亲属的流浪乞讨疑似精神障碍患者,由当地民政等有关部门按照职责分工,帮助送往医疗机构进行精神障碍诊断。

疑似精神障碍患者发生伤害自身、危害他人安全的行为,或者有伤害自身、危害他人安全的危险的,其近亲属、所在单位、当地公安机关应当立即采取措施予以制止,并将其送往医疗机构进行精神障碍诊断。

医疗机构接到送诊的疑似精神障碍患者,不得拒绝为其作出诊断。

条文注释

本条是关于将疑似精神障碍患者送往医疗机构进行诊断的主体、条件等的规定。

除个人自行到医疗机构进行精神障碍诊断外,有关主体可以按照本条规定将疑似精神障碍患者送往医疗机构进行诊断。本条分通常情况和紧急情况两种情形对将疑似精神障碍患者送往医疗机构进行诊断的主体、条件等作了规定。

1. 通常情况下的送诊

(1)疑似精神障碍患者的近亲属。近亲属包括配偶、父母、子女、兄弟姐妹、祖父母、外祖父母、孙子女、外孙子女。近亲属将疑似精神障碍患者送往医疗机构进行精神障碍诊断,属于履行协助就医的义务。

(2)当地有关部门。对查找不到近亲属的流浪乞讨疑似精神障碍患者,由当地民政等有关部门按照职责分工,帮助送往医疗机构进行精神障碍诊断。

2. 紧急情况下的送诊

根据第2款的规定,只有在疑似精神障碍患者发生伤害自身、危害他人安全的行为,或者有伤害自身、危害他人安全的危险的紧急情况下,其近亲属、所在单位、当地公安机关才可以将其送往医疗机构进行精神障碍诊断。

医疗机构接到送诊的疑似精神障碍患者,不得拒绝为其作出诊断。医疗机构违反这一规定的,卫生健康行政部门应当依照本法第74条的规定追究其相应法律责任。

关联法规

《关于进一步做好城市流浪乞讨人员中危重病人、精神病人救治工作的指导意见》

> **第二十九条 【精神障碍的诊断】**精神障碍的诊断应当由精神科执业医师作出。
>
> 医疗机构接到依照本法第二十八条第二款规定送诊的疑似精神障碍患者,应当将其留院,立即指派精神科执业医师进行诊断,并及时出具诊断结论。

条文注释

本条是关于精神障碍诊断的主体、程序的规定。

精神障碍的诊断属于精神科执业医师的执业范围,应当由精神科执业医师作出,非精神科执业医师不得作出。本法第23、51条也分别规定:心理咨询人员不得从事心理治疗或者精神障碍的诊断、治疗;专门从事心理治疗的人员不得从事精神障碍的诊断。

本条第2款规定的"留院",是指将疑似精神障碍患者留在医院,以便对其进行观察和诊断。由于在留院观察期间疑似精神障碍患者不能离开医疗机构,这是对其人身权利的限制,因此留院观察的时间不能过长,但考虑到精神障碍的诊断是一个科学判断问题,不同精神障碍的诊断时间不尽相同,不宜"一刀切"地规定一个统一的时限。本条只作了原则性规定,即医疗机构将疑似精神障碍患者留院后,应当立即指派精神科执业医师进行诊断,并及时出具诊断结论。对于留院后精神障碍诊断的具体时限,可以由有关法规、规章或者诊疗规范作出规定。但法律没有规定具体时限,不等于精神科执业医师可以不受限制,拖延作出诊断的时间。精神科执业医师应当遵循及时原则,按照有关法规、规章、诊疗规范的要求,尽可能在最短的时间内出具诊断结论,不得超出法规、规章或者诊疗规范规定的期限;没有规定期限的,不得超出合理期限。

关联法规

《医疗机构诊疗科目名录》

第三十条 【精神障碍患者住院治疗的原则】精神障碍的住院治疗实行自愿原则。

诊断结论、病情评估表明,就诊者为严重精神障碍患者并有下列情形之一的,应当对其实施住院治疗:

(一)已经发生伤害自身的行为,或者有伤害自身的危险的;

(二)已经发生危害他人安全的行为,或者有危害他人安全的危险的。

条文注释

本条是关于精神障碍患者住院治疗的原则和非自愿住院治疗的条件的规定。

精神障碍患者的住院治疗与其他疾病的住院治疗一样,原则上都要根据患者的意愿进行,实行自愿原则,这是知情同意原则在精神障碍患者住院治疗上的体现。除法律另有规定的外,患者不同意住院治疗的,医疗机构不得对患者实施住院治疗。

本法在规定精神障碍患者的住院治疗实行自愿原则的同时,也针对严重精神障碍患者往往缺乏自知力、对自身健康状况或者客观现实不能完整认识的特殊情况,规定了非自愿住院治疗制度,以保证需要住院治疗的患者得到及时的住院治疗,维护患者健康和他人安全。同时,为了保证公民的合法权益不因滥用非自愿住院治疗措施而受到侵害,本条严格设定了非自愿住院治疗的条件:(1)精神科执业医师出具的诊断结论表明,就诊者为严重精神障碍患者。(2)严重精神障碍患者有伤害自身或者危害他人安全的行为或者危险。一是已经发生伤害自身的行为,或者有伤害自身的危险的;二是已经发生危害他人安全的行为,或者有危害他人安全的危险的。以上两种情形,具备一种即符合本法规定的非自愿住院治疗条件。

第三十一条 【有伤害自身行为或危险的精神障碍患者的治疗】精神障碍患者有本法第三十条第二款第一项情形的,经其监护人同意,医疗机构应当对患者实施住院治疗;监护人不同意的,医疗机构不得对患者实施住院治疗。监护人应当对在家居住的患者做好看护管理。

条文注释

本条是关于有伤害自身行为或者危险的精神障碍患者如何实施住院治疗的规定。

诊断结论、病情评估表明,患者为严重精神障碍患者并已经发生伤害自身的行为,或者有伤害自身的危险的,这在实体条件上已经具备了实施非自愿住院治疗的条件。但为了进一步维护精神障碍患者的合法权益,本条规定了在这一情形下实施非自愿住院治疗的前提是监护人同意:监护人同意的,医疗机构应当对患者实施住院治疗;监护人不同意的,医疗机构不得对患者实施住院治疗。监护人不同意住院治疗的,应当对在家居住的患者做好看护管理。村民委员会、居民委员会、患者所在单位等应当依据患者或者其监护人的请求,对监护人看护患者提供必要的帮助。

第三十二条 【再次诊断和鉴定】精神障碍患者有本法第三十条第二款第二项情形,患者或者其监护人对需要住院治疗的诊断结论有异议,不同意对患者实施住院治疗的,可以要求再次诊断和鉴定。

依照前款规定要求再次诊断的,应当自收到诊断结论之日起三日内向原医疗机构或者其他具有合法资质的医疗机构提出。承担再次诊断的医疗机构应当在接到再次诊断要求后指派二名初次诊断医师以外的精神科执业医师进行再次诊断,并及时出具再次诊断结论。承担再次诊断的执业医师应当到收治患者的医疗机构面见、询问患者,该医疗机构应当予以配合。

对再次诊断结论有异议的,可以自主委托依法取得执业资质的鉴定机构进行精神障碍医学鉴定;医疗机构应当公示经公告的鉴定机构名单和联系方式。接受委托的鉴定机构应当指定本机构具有该鉴定事项执业资格的二名以上鉴定人共同进行鉴定,并及时出具鉴定报告。

条文注释

本条是关于再次诊断和鉴定的规定。

对有危害他人安全行为或者危险的严重精神障碍患者实施住院治疗,患者或者其监护人对需要住院治疗的诊断结论有异议,不同意对患者实施住院治疗的,可以要求再次诊断和鉴定。

1.再次诊断

(1)患者或者其监护人应当在收到诊断结论之日起3日内向原医疗机构或者其他具有合法资质的医疗机构提出再次诊断要求;(2)再次诊断应当由2名初次诊断医师以外的

精神科执业医师进行;(3)承担再次诊断的执业医师应当面见、询问患者,不能仅通过调阅患者的病历资料就作出再次诊断。

2. 精神障碍医学鉴定

(1)患者或者其监护人可以自主委托依法取得执业资质的鉴定机构进行精神障碍医学鉴定。依法取得执业资质的鉴定机构,是指经司法行政部门审核、登记,取得精神障碍鉴定执业资质的司法鉴定机构。(2)医疗机构应当公示经公告的鉴定机构名单和联系方式。(3)接受委托的鉴定机构应当指定鉴定人进行鉴定。(4)鉴定机构应当及时出具鉴定报告。

关联法规

《司法鉴定机构登记管理办法》
《司法鉴定程序通则》

第三十三条 【鉴定人面见患者及鉴定人回避】鉴定人应当到收治精神障碍患者的医疗机构面见、询问患者,该医疗机构应当予以配合。

鉴定人本人或者其近亲属与鉴定事项有利害关系,可能影响其独立、客观、公正进行鉴定的,应当回避。

条文注释

本条是关于鉴定人面见、询问患者和回避的规定。

对精神障碍患者的鉴定,不能简单通过医学仪器的检查和调阅患者的病历资料进行,必须依靠对被鉴定人的观察、询问,了解其精神状况和既往病史,并根据诊断标准和诊断经验,才能作出准确的判断。因此,本条第1款规定,鉴定人应当到收治精神障碍患者的医疗机构面见、询问患者。收治患者的医疗机构应当予以配合,为鉴定人面见、询问患者提供必要条件。

本条第2款规定了鉴定人的回避制度,鉴定人与鉴定事项有利害关系的,应当回避。鉴定人可以自行回避,也可以根据患者或者其监护人的要求回避。鉴定人自行提出回避的,由其所属的鉴定机构决定;患者或者其监护人要求鉴定人回避的,应当向该鉴定人所属的鉴定机构提出,由鉴定机构决定。患者或者其监护人对鉴定机构是否实行回避的决定有异议的,可以撤销对该鉴定机构的委托。

第三十四条 【鉴定的基本要求】鉴定机构、鉴定人应当遵守有关法律、法规、规章的规定,尊重科学,恪守职业道德,按照精神障碍鉴定的实施程序、技术方法和操作规范,依法独立进行鉴定,出具客观、公正的鉴定报告。

鉴定人应当对鉴定过程进行实时记录并签名。记录的内容应当真实、客观、准确、完整,记录的文本或者声像载体应当妥善保存。

关联法规

《全国人民代表大会常务委员会关于司法鉴定管理问题的决定》

《司法鉴定机构登记管理办法》

《司法鉴定人登记管理办法》

《司法鉴定程序通则》

第三十五条 【住院治疗】再次诊断结论或者鉴定报告表明,不能确定就诊者为严重精神障碍患者,或者患者不需要住院治疗的,医疗机构不得对其实施住院治疗。

> 再次诊断结论或者鉴定报告表明,精神障碍患者有本法第三十条第二款第二项情形的,其监护人应当同意对患者实施住院治疗。监护人阻碍实施住院治疗或者患者擅自脱离住院治疗的,可以由公安机关协助医疗机构采取措施对患者实施住院治疗。
>
> 在相关机构出具再次诊断结论、鉴定报告前,收治精神障碍患者的医疗机构应当按照诊疗规范的要求对患者实施住院治疗。

【条文注释】

本条是关于出具再次诊断结论或者鉴定报告后的程序的规定。

对于存在本法第30条第2款规定的第2种情形的严重精神障碍患者,再次诊断结论或者鉴定报告出具后,医疗机构、监护人、公安机关应当根据本条规定作出相应的处理。

(1)再次诊断结论或者鉴定报告表明,不能确定就诊者为严重精神障碍患者,或者患者不需要住院治疗的,医疗机构不得对其实施住院治疗。

(2)再次诊断结论或者鉴定报告表明,精神障碍患者有本法第30条第2款第2项情形的,其监护人应当同意对患者实施住院治疗。监护人阻碍实施住院治疗或者患者擅自脱离住院治疗的,可以由公安机关协助医疗机构采取措施对患者实施住院治疗。

(3)在相关机构出具再次诊断结论、鉴定报告前,收治精神障碍患者的医疗机构应当按照诊疗规范的要求对患者实施住院治疗。

第三十六条 【办理住院手续】诊断结论表明需要住院治疗的精神障碍患者,本人没有能力办理住院手续的,由其监护人办理住院手续;患者属于查找不到监护人的流浪乞讨人员的,由送诊的有关部门办理住院手续。

精神障碍患者有本法第三十条第二款第二项情形,其监护人不办理住院手续的,由患者所在单位、村民委员会或者居民委员会办理住院手续,并由医疗机构在患者病历中予以记录。

条文注释

本条是关于办理住院手续的规定。

诊断结论表明精神障碍患者需要住院治疗的,应当办理住院手续。本人没有能力办理住院手续的,由其监护人办理住院手续。需要住院治疗的患者包括自愿住院治疗的患者,这些患者有能力自行办理住院手续。本人有能力办理住院手续的,由本人办理住院手续。本人由于病情严重没有能力办理住院手续的,由其监护人办理住院手续。

患者属于查找不到监护人的流浪乞讨人员的,由送诊的有关部门办理住院手续。流浪乞讨人员需要住院治疗,本人有能力办理住院手续的,由其本人办理住院手续。本人没有能力办理住院手续的,由其监护人办理住院手续;查找不到其监护人的,由送诊的民政、公安等有关部门办理住院手续。

严重精神障碍患者有危害他人安全的行为或者危险,其监护人不办理住院手续的,由患者所在单位、村民委员会或者居民委员会办理住院手续,并由医疗机构在患者病历中予以记录。

需要说明的是,对有危害他人安全行为或者危险的严重精神障碍患者，从作出需要住院治疗的初次诊断结论开始，就应当办理住院手续，即使患者或者其监护人对诊断结论有异议，也应当先办理住院手续再依法要求再次诊断或者鉴定。监护人由于不同意对患者实施住院治疗或者其他原因而不办理住院手续的，患者所在单位、村民委员会或者居民委员会有义务为患者办理住院手续，保证患者得到及时有效的治疗，避免病情继续恶化，防止患者危害他人安全。患者所在单位、村民委员会或者居民委员会为患者办理住院手续的，医疗机构应当在患者病历中予以记录。

第三十七条 【医疗机构告知的义务】医疗机构及其医务人员应当将精神障碍患者在诊断、治疗过程中享有的权利，告知患者或者其监护人。

条文注释

本条是关于医疗机构及其医务人员告知患者权利的规定。

精神障碍患者在诊断、治疗过程中享有的权利主要包括本法规定的知情同意，通讯会见，查阅、复制病历资料，要求再次诊断和鉴定，依法提起诉讼等。履行告知义务的主体是医疗机构及其医务人员，告知义务的对象是精神障碍患者或者其监护人。如果精神障碍患者有自知力，那么告知义务的对象就是患者本人；如果精神障碍患者失去了自知力，那么告知义务的对象就是精神障碍患者的监护人。

关联法规

《国务院办公厅转发卫生部等部门关于进一步加强精神卫生工作指导意见的通知》

《精神卫生法》第46、47条

第三十八条 【创造安全适宜的环境】医疗机构应当配备适宜的设施、设备,保护就诊和住院治疗的精神障碍患者的人身安全,防止其受到伤害,并为住院患者创造尽可能接近正常生活的环境和条件。

条文注释

本条是关于医疗机构为患者创造安全适宜的环境的规定。

医疗机构配备适宜的设施、设备,首先应保证患者的人身安全。对患者人身安全造成的危险,既有可能来自自身,也有可能来自他人。另外,根据保护患者以及医护人员的需要,可以设置必要的电子监视设备,但监视设备形成的录音、录像原则上不得向外人公开。采取这些安全措施,不仅对于保护患者本人的人身安全是非常必要的,对保护其他精神障碍患者以及精神卫生工作人员的合法权益也是十分必要的。如果医院未尽到配备适宜的设施、设备的义务,导致就诊者和住院精神障碍患者受到人身伤害,可以按照本法第78条的规定依法追究医院的法律责任。

医疗机构除配备适宜的设施、设备外,还应当为住院患者创造尽可能接近正常生活的环境和条件。接近正常生活的环境和条件有利于住院患者早日适应医院外面的生活环境,有利于患者康复,有利于保障患者的人格尊严和合法权益。

需要注意的是,本条规定的配备适宜的设施、设备,以保护患者人身安全的对象包括就诊的精神障碍患者和住院的精神障碍患者,而创造尽可能接近正常生活的环境和条件的对象仅包括住院的精神障碍患者。

> **第三十九条 【治疗方案及告知】**医疗机构及其医务人员应当遵循精神障碍诊断标准和治疗规范,制定治疗方案,并向精神障碍患者或者其监护人告知治疗方案和治疗方法、目的以及可能产生的后果。

条文注释

本条是关于医疗机构制定治疗方案并履行告知义务的规定。

1. 制定精神障碍患者的治疗方案

精神障碍患者的病情存在差异,医疗机构及其医务人员在制定具体每个患者的治疗方案时,应当严格遵循精神障碍诊断和治疗规范的要求。本法第26条第2款规定了精神障碍分类、诊断标准和治疗规范的制定。精神障碍分类、诊断标准和治疗规范,由国务院卫生健康行政部门组织制定。

2. 医疗机构及其医务人员的告知说明义务

制定治疗方案后,医疗机构及其医务人员应当向精神障碍患者或者其监护人告知治疗方案和治疗方法、目的以及可能产生的后果,这是医疗机构及其医务人员的告知说明义务。

关于医疗机构告知说明义务的对象,如果患者有自知力,那么医疗机构就必须向其本人履行告知义务,患者本人就是同意医治的主体。如果患者无自知力,医疗机构就必须向其监护人履行告知义务,患者的监护人就是同意医治的主体。

关联法规

《民法典》第1219条

《医师法》第25条

《医疗机构管理条例》第 32 条
《医疗机构管理条例实施细则》第 62 条

> **第四十条 【保护性医疗措施】**精神障碍患者在医疗机构内发生或者将要发生伤害自身、危害他人安全、扰乱医疗秩序的行为,医疗机构及其医务人员在没有其他可替代措施的情况下,可以实施约束、隔离等保护性医疗措施。实施保护性医疗措施应当遵循诊断标准和治疗规范,并在实施后告知患者的监护人。
>
> 禁止利用约束、隔离等保护性医疗措施惩罚精神障碍患者。

【条文注释】

本条是关于约束、隔离等保护性医疗措施的规定。

关于约束、隔离等保护性医疗措施,一方面它是精神科一种特殊的治疗手段或辅助治疗手段,在临床工作中必不可少;另一方面由于极容易被滥用于其他目的,因此通常需要对其进行严格限制。保护性医疗措施的合理使用在临床上通常是必需的,但需要有严格的使用标准及操作流程。

(1)约束、隔离等保护性医疗措施仅应适用于医疗机构内,在医疗机构以外不得适用。

(2)使用约束、隔离等保护性医疗措施的前提是精神障碍患者发生或者将要发生伤害自身、危害他人安全、扰乱医疗秩序的行为,医疗机构及其医务人员没有其他可替代措施。

需要注意的是:一是使用约束、隔离等保护性医疗措施的前提之一仅限于患者发生或者将要发生伤害自身、危害他人安全、扰乱医疗秩序的行为,本条表述没有"等"例外情形,因此不得在其他情况下采取保护性医疗措施,这也与第2款规定的"禁止利用约束、隔离等保护性医疗措施惩罚精神障碍患者"是一致的。二是只有在患者发生或者将要发生伤害自身、危害他人安全、扰乱医疗秩序,并且没有其他可替代措施的情况下才能使用保护性医疗措施。如果有其他可替代的措施,就不能使用保护性医疗措施。至于哪些属于可替代措施,可以根据诊断标准、治疗规范和医疗经验等加以确定。

(3)实施保护性医疗措施应符合诊断标准和治疗规范的要求,不能使用诊断标准和治疗规范未作规定的保护性医疗措施,并应当严格遵守诊断标准和治疗规范规定的程序、手段等要求。

(4)实施保护性医疗措施后应告知患者的监护人。本条未对告知时间作出明确规定,可以由医疗机构根据实际情况决定,但是实施保护性医疗措施后应当告知患者的监护人,这是法定要求,不得以各种理由不告知,否则构成违法。

第四十一条 【药物的使用】对精神障碍患者使用药物,应当以诊断和治疗为目的,使用安全、有效的药物,不得为诊断或者治疗以外的目的使用药物。

医疗机构不得强迫精神障碍患者从事生产劳动。

条文注释

本条是关于对患者使用药物要求及不得强迫从事生产劳动的规定。

本条第1款规定了对患者使用药物的一般原则:(1)使用药物应当以诊断和治疗为目的,不得出于诊断或者治疗以外的目的使用药物,即不能出于惩罚、试验或者其他便利等目的而使用。所有药物均应由经法律授权的精神卫生从业人员处方,并应记入患者病历。(2)应当使用安全、有效的药物。有的精神科药物有较强的副作用,并且药效因人而异,应尽量选择已经被医疗实践证明确实是安全、有效的药物。

本条第2款规定了不得强迫患者劳动。需要注意的是,医疗机构为了治疗而用示范、奖励等方式引导患者劳动,这种行为有利于患者康复、回归社会,不属于本款所说的强迫劳动。

第四十二条 【精神外科手术】禁止对依照本法第三十条第二款规定实施住院治疗的精神障碍患者实施以治疗精神障碍为目的的外科手术。

条文注释

本条是关于精神外科手术的规定。

精神外科手术属于限制性医疗技术,进行手术可能产生并发症以及带来不可预测的风险,并且涉及伦理评价问题。为了保障患者权益,本条禁止对非自愿住院患者(严重精神障碍患者已经发生伤害自身或者危害他人安全的行为,或者有伤害自身或者危害他人安全危险的)实施这类手术。对于其他患者,即自愿住院治疗的精神障碍患者实施这类手术也要严格按照国家卫生健康委员会有关规定执行。医疗机构必须严格筛选病例,准确掌握适应证和手术指征,制定具体的医疗安全保障措施。同时,要充分尊重患者的知情权和选择权,做好医患沟通,每例手术必须通过医院伦理委员会审查。

关联法规

《卫生部办公厅关于加强神经外科手术治疗精神疾病管理有关问题的通知》

第四十三条 【特殊治疗措施及程序】医疗机构对精神障碍患者实施下列治疗措施,应当向患者或者其监护人告知医疗风险、替代医疗方案等情况,并取得患者的书面同意;无法取得患者意见的,应当取得其监护人的书面同意,并经本医疗机构伦理委员会批准:

(一)导致人体器官丧失功能的外科手术;

(二)与精神障碍治疗有关的实验性临床医疗。

实施前款第一项治疗措施,因情况紧急查找不到监护人的,应当取得本医疗机构负责人和伦理委员会批准。

禁止对精神障碍患者实施与治疗其精神障碍无关的实验性临床医疗。

条文注释

本条是关于对精神障碍患者实施特殊治疗措施及程序的规定。

本法第39条一般性地规定了医疗机构及其医务人员的告知义务,本条是在对患者实施导致人体器官丧失功能的外科手术或者与精神障碍治疗有关的实验性临床治疗时关于告知义务的特殊规定。因为这两种治疗措施具有较强的侵入性,一旦滥用将对患者权益造成严重影响,需要严格控制其适用。实施这两项治疗措施,首先应履行告知义务,即向患者告知医疗风险、替代医疗方案等情况,并取得患者的书面同意。如果患者本人由于疾病等原因无法表达意见,则应当向其监护人告知医疗风险、替代医疗方案等情况,并取得其监护人的书面同意。此外,为了防止有的医务人员和监护人串通实施侵害精神障碍患者等情形的发生,本条还要求在无法取得患者意见的情况下,除取得其监护人的书面同意外,还应经本医疗机构伦理委员会批准。

在一些紧急情况下,需要对患者实施导致人体器官丧失功能的外科手术,但是又查找不到监护人的,依据本条第2款规定,应当取得本医疗机构负责人和伦理委员会批准。

关联法规

《民法典》第1220条

《医疗机构管理条例》第33条

第四十四条 【出院】自愿住院治疗的精神障碍患者可以随时要求出院,医疗机构应当同意。

对有本法第三十条第二款第一项情形的精神障碍患者实施住院治疗的,监护人可以随时要求患者出院,医疗机构应当同意。

医疗机构认为前两款规定的精神障碍患者不宜出院的,应当告知不宜出院的理由;患者或者其监护人仍要求出院的,执业医师应当在病历资料中详细记录告知的过程,同时提出出院后的医学建议,患者或者其监护人应当签字确认。

对有本法第三十条第二款第二项情形的精神障碍患者实施住院治疗,医疗机构认为患者可以出院的,应当立即告知患者及其监护人。

医疗机构应当根据精神障碍患者病情,及时组织精神科执业医师对依照本法第三十条第二款规定实施住院治疗的患者进行检查评估。评估结果表明患者不需要继续住院治疗的,医疗机构应当立即通知患者及其监护人。

条文注释

本条是关于患者出院的规定。

第1款规定，自愿住院患者可以随时要求出院，医疗机构应当同意其出院。

第2款对有本法第30条第2款第1项情形的精神障碍患者，即已经发生伤害自身的行为，或者有伤害自身的危险的患者，实施住院治疗的，监护人可以随时要求患者出院，医疗机构应当同意。

第3款规定，医疗机构认为前两款规定的精神障碍患者不宜出院的，应当告知不宜出院的理由；患者或者其监护人仍要求出院的，执业医师应当在病历资料中详细记录告知的过程，同时提出出院后的医学建议，患者或者其监护人应当签字确认。这样规定是考虑到患者利益与社会利益的平衡。

第4款规定，对有本法第30条第2款第2项情形的精神障碍患者，即已经发生危害他人安全的行为，或者有危害他人安全的危险的患者，实施住院治疗，医疗机构认为患者可以出院的，应当立即告知患者及其监护人。

第5款规定，医疗机构应当根据精神障碍患者病情，及时组织精神科执业医师对依照本法第30条第2款规定实施住院治疗的患者进行检查评估。评估结果表明患者不需要继续住院治疗的，医疗机构应当立即通知患者及其监护人。

第四十五条 【办理出院手续】 精神障碍患者出院，本人没有能力办理出院手续的，监护人应当为其办理出院手续。

条文注释

本条是关于患者出院手续的规定。

精神障碍患者没有能力办理出院手续的,是指患者属于限制行为能力人或无民事行为能力人,没有自知力,因而不能办理出院手续。为了防止这类精神障碍患者在达到出院标准时无法出院,长期滞留在医疗机构,既不利于其康复,又占用了有限的医疗资源,本法规定了监护人为其办理出院手续的法定义务。精神障碍患者本人没有能力办理出院手续的,监护人应当为其办理出院手续。监护人拒不办理出院手续的,属于不履行监护职责的行为,应当依法承担法律责任。

关联法规

《精神卫生法》第78条

《刑法》第261条

第四十六条 【通讯和会见探访者的权利】 医疗机构及其医务人员应当尊重住院精神障碍患者的通讯和会见探访者等权利。除在急性发病期或者为了避免妨碍治疗可以暂时性限制外,不得限制患者的通讯和会见探访者等权利。

条文注释

本条是关于保障患者通讯和会见等权利的规定。

本条规定了两部分内容:

(1)医疗机构和医务人员应当尊重患者的通讯和会见探访者等权利。(2)关于对精神障碍患者的通讯和会见采取暂时性限制的规定。患者通讯和会见等权利原则上不得被限制,但在某些特殊的情形下,如在急性发病期或者治疗期间,为了有利于患者的治疗,可以采用临时性的限制措施。这种限制措施是一种暂时性、临时使用的措施,一旦精神障碍患者的病情稳定下来,所有的权利都要恢复。

需要注意的是，这里的医疗机构和医务人员，既包括精神病专科医院及医务人员，也包括综合医院及医务人员。

> **第四十七条 【病历资料】**医疗机构及其医务人员应当在病历资料中如实记录精神障碍患者的病情、治疗措施、用药情况、实施约束、隔离措施等内容，并如实告知患者或者其监护人。患者及其监护人可以查阅、复制病历资料；但是，患者查阅、复制病历资料可能对其治疗产生不利影响的除外。病历资料保存期限不得少于三十年。

条文注释

本条是关于病历资料记录及查阅、复制等的规定。

病历，是指医务人员在医疗活动过程中形成的文字、符号、图表、影像、切片等资料的总和，包括门（急）诊病历和住院病历。病历是医疗活动中不可缺少的一项内容，是医务人员对病人诊疗过程的书面记载。对于医疗机构来说，病历是对临床实践工作的总结，有它独一无二的医疗价值和科研价值；对于就医者来说，病历可以方便其寻医问药，及时了解病情，切实保护自身利益；对于社会来说，病历资料又是探索疾病规律及处理医疗纠纷的法律依据。病历档案发挥着维护患者、医疗机构多方利益的作用。本条对病历资料的规定分为以下3个方面：

1. 对医疗机构及医务人员的义务性要求

医疗机构及医务人员必须对诊疗过程进行如实的记录，并如实告知患者或者其监护人，医疗机构及医务人员在为精神障碍患者进行诊断、治疗的过程中，要将病人对自己病情症状的介绍、提供的发病原因、医务人员的诊断结论、医疗机构所采取的措施、使用药物的情况以及是否采用约束、隔离措施等情况一一如实记载,并将所记录的情况如实告知患者,患者如果为严重精神障碍患者,在没有自知能力的情况下,医疗机构要将这些情况如实告知其监护人,以便患者或监护人对病情以及治疗方案的了解。

2. 患者查阅、复制病历资料权利的保障和行使

本条规定患者及其监护人可以查阅、复制病历资料。查阅、复制病历资料是患者及其监护人的权利,对于在诊疗活动中产生的病历资料,必须在公平、合理的限度内保障患者一方的查阅和复制权利。

查阅、复制病历资料是患者及其监护人的权利,应当保护,但精神疾病不同于其他疾病,更容易受到外界各种信息的影响,在一些特殊的情形下,让病人更加清楚地了解自己的病情,反而不利于病人的治疗。让精神障碍患者得到切实可行的治疗,早日康复是本法的立法目的,因此,本条作了一个除外的规定,即"对其治疗产生不利影响的除外"。

3. 病历保存期限的规定

病历档案的保存期限不仅关系医疗机构自身利益,而且还关系其他相对人和社会组织的利益。按照本条的规定,病例资料保存期限应不少于30年。

关联法规

《医疗机构病历管理规定(2013年版)》
《医疗事故处理条例》第56条

第四十八条 【不得推诿、拒绝治疗其他疾病】 医疗机构不得因就诊者是精神障碍患者,推诿或者拒绝为其治疗属于本医疗机构诊疗范围的其他疾病。

条文注释

本条是关于医疗机构不得推诿或者拒绝为精神障碍患者治疗其他疾病的规定。

本条规定的"其他疾病",是指除精神障碍之外的其他所有疾病,如高血压、心脏病、癌症等。这种治疗需属于本医疗机构的诊疗范围。如果在精神专科医院住院治疗的精神障碍患者同时患有其他疾病,需要到其他医院就诊的,按照本条规定,综合医院及其医务人员不得推诿或者拒绝。

第四十九条 【监护人的看护职责】精神障碍患者的监护人应当妥善看护未住院治疗的患者,按照医嘱督促其按时服药、接受随访或者治疗。村民委员会、居民委员会、患者所在单位等应当依患者或者其监护人的请求,对监护人看护患者提供必要的帮助。

条文注释

本条是关于监护人看护未住院患者的规定。

本条规定的监护人的职责主要是:(1)妥善保护患者,避免其因病伤害自身、危害他人或者社会;(2)根据医嘱督促其按时服药;(3)督促其接受随访或者治疗。精神疾病的治疗需要一个较长的过程,有些种类的病症是需要长期服药来控制病情的,一旦停药可能就会使病情复发,因此,这种日常的护理和照料是十分关键的,由于精神障碍患者受到自身病症的影响,其有时候会缺乏自知力,不可能主动去服药,这时就需要监护人督促其按时服药。

精神障碍患者会给监护人及其家庭带来沉重的负担,除了要强化监护人的责任外,政府和社会也要给监护人提供各方面的帮助和支持。对于精神障碍患者和监护人提出的合理请求,如患者家庭生活十分困难,村民委员会、居民委员会或用人单位根据患者或监护人的要求,可以帮助其联系相关部门给予救助,帮助其解决生活上的困难。对于在监护过程中需要提供技术指导的,社区卫生服务机构或者乡镇卫生院、村卫生室、社区康复机构应当提供帮助。

第五十条 【卫生行政部门定期检查】县级以上地方人民政府卫生行政部门应当定期就下列事项对本行政区域内从事精神障碍诊断、治疗的医疗机构进行检查:

(一)相关人员、设施、设备是否符合本法要求;

(二)诊疗行为是否符合本法以及诊断标准、治疗规范的规定;

(三)对精神障碍患者实施住院治疗的程序是否符合本法规定;

(四)是否依法维护精神障碍患者的合法权益。

县级以上地方人民政府卫生行政部门进行前款规定的检查,应当听取精神障碍患者及其监护人的意见;发现存在违反本法行为的,应当立即制止或者责令改正,并依法作出处理。

关联法规

《全国精神卫生工作体系发展指导纲要(2008年—2015年)》

第五十一条 【心理治疗】心理治疗活动应当在医疗机构内开展。专门从事心理治疗的人员不得从事精神障碍的诊断,不得为精神障碍患者开具处方或者提供外科治疗。心理治疗的技术规范由国务院卫生行政部门制定。

条文注释

本条是关于心理治疗的规定。

心理治疗,是指借助心理学的、非药物的技术和方法改变患者的心理状态来达到治疗精神障碍患者的目的。临床上心理治疗最常见的对象是轻度精神障碍患者,同时也包括需配合药物治疗进行心理治疗的严重精神障碍患者。

心理治疗种类繁多,按治疗对象的多少可以分为个别心理治疗和集体治疗;按照心理治疗的场所可分为家庭治疗和社会治疗;按治疗的方式可分成支持性心理治疗、分析性心理治疗等各种方法。若按其所依据的理论加以归类,主要有精神分析疗法、行为治疗和人本主义治疗3类。这些治疗所依据的理论、标准不同,专业技术性很强,不可能在本法中一一作出规定,因此,本法授权心理治疗的技术规范由国务院卫生健康行政部门制定。

第五十二条 【保证被监管人员获得治疗】监狱、强制隔离戒毒所等场所应当采取措施,保证患有精神障碍的服刑人员、强制隔离戒毒人员等获得治疗。

条文注释

本条是关于保证患有精神障碍的服刑人员、强制戒毒人员等获得治疗的规定。

每个公民享有平等的就医权利,即不论性别、民族、年龄、财产状况、身份等都一律平等地享有获得医疗卫生服务的权利,这是对生命健康权的尊重。作为被监管人员,其也享有就医的权利,不能因为其是犯罪分子、吸毒人员而剥夺其就医的权利,因此,本条规定要保证患有精神障碍的服刑人员、强制隔离戒毒人员等获得治疗。

关联法规

《监狱法》第 54 条

《监狱教育改造工作规定》第 43、48 条

《禁毒法》第 45 条

《国务院办公厅转发卫生部等部门关于进一步加强精神卫生工作指导意见的通知》

《全国精神卫生工作体系发展指导纲要(2008 年—2015 年)》

> **第五十三条 【与治安管理处罚法和刑法的衔接】**精神障碍患者违反治安管理处罚法或者触犯刑法的,依照有关法律的规定处理。

条文注释

本条是关于精神障碍患者违反《治安管理处罚法》或者《刑法》的行为的法律适用的规定。

由于精神疾病的特殊性,在病症的作用下,患者可能会发生肇事肇祸的行为。对于精神障碍患者发生违法犯罪行为的,《治安管理处罚法》《刑法》《刑事诉讼法》等都有相应的规定。

《刑法》第 18 条第 1 款规定:"精神病人在不能辨认或者不能控制自己行为的时候造成危害结果,经法定程序鉴定确认的,不负刑事责任,但是应当责令他的家属或者监护人严加看管和医疗;在必要的时候,由政府强制医疗。"为了明确"在必要的时候,由政府强制医疗",2018 年《刑事诉讼法》的"依法不负刑事责任的精神病人的强制医疗程序"一章明确了强制医疗的范围、决定程序、解除程序、法律救济程序、实行监督的程序等。只有精神病人实施暴力行为,危害公共安

全或者严重危害公民人身安全时,才能依照《刑法》给予强制医疗。在一般情况下,按照这种强制医疗的要求,患者应是被送往隶属于公安系统下的安康医院进行治疗。《刑事诉讼法》对精神病人触犯《刑法》的行为给予强制医疗的范围是有一定限度的,如果精神病人实施了盗窃、损害公私财物等财产性犯罪的行为,就不能依照《刑事诉讼法》的规定予以强制医疗,在此情况下,应当依照《刑法》第18条的规定,责令他的家属或者监护人严加看管和医疗。

关联法规

《公安机关办理行政案件程序规定》第158条

《刑事诉讼法》第302~307条

第四章　精神障碍的康复

第五十四条　【社区康复机构在康复方面的义务】社区康复机构应当为需要康复的精神障碍患者提供场所和条件,对患者进行生活自理能力和社会适应能力等方面的康复训练。

条文注释

本条是关于社区康复机构的精神障碍康复具体义务的规定。

康复,是指患有心身疾病的患者尽可能利用药物、社会、职业、经济和教育的方法使残疾的风险程度减到最小。康复工作的进行不是孤立的,精神障碍患者的家庭成员、朋友和社会人士及医务人员的密切配合是康复工作顺利进行的关键。

精神障碍康复的形式主要分为机构康复和社区康复。实践中,看护小组是精神障碍社区康复的主要承担者。看护小组由社区康复协调员、居(村)民委员会干部、基层医生志愿者和患者法定监护人组成。

精神障碍患者社区康复的目标包括3项:(1)使精神障碍患者身心得到康复;(2)使精神障碍患者能享受均等的机会;(3)使精神障碍患者能成为社会中平等的一员。康复计划的拟定和实施,要依靠社区的领导和组织,要依靠包括卫生健康、教育、人力资源社会保障、民政在内的有关部门,还要依靠精神障碍患者本人及其家庭。三方力量联合起来,才能使社区康复能够有较好的效果。

第五十五条 【医疗机构在康复方面的义务】医疗机构应当为在家居住的严重精神障碍患者提供精神科基本药物维持治疗,并为社区康复机构提供有关精神障碍康复的技术指导和支持。

社区卫生服务机构、乡镇卫生院、村卫生室应当建立严重精神障碍患者的健康档案,对在家居住的严重精神障碍患者进行定期随访,指导患者服药和开展康复训练,并对患者的监护人进行精神卫生知识和看护知识的培训。县级人民政府卫生行政部门应当为社区卫生服务机构、乡镇卫生院、村卫生室开展上述工作给予指导和培训。

[条文注释]

本条是关于医疗卫生机构在精神障碍患者康复工作中的责任的规定。主要分为以下3个方面:

1. 医疗机构对于严重精神障碍患者康复的义务

精神障碍的一个显著特点就是治疗过程长、易复发，并且发作时常给家庭和社会带来不良影响及后果。对精神障碍的医治，遵照精神卫生医疗机构的医嘱、按时按量服用一定的药物十分关键。为了保证严重精神障碍患者的康复效果，保证患者能够科学合理地坚持基本药物维持治疗，医疗机构应当为在家居住的严重精神障碍患者提供精神科基本药物维持治疗，并为社区康复机构提供有关精神障碍康复的技术指导和支持。

2. 基层卫生机构对于严重精神障碍患者康复的义务

社区卫生服务机构、乡镇卫生院、村卫生室是我国基层医疗体系的重要组成部分，担负基层卫生服务的职责。精神障碍的康复工作，应当注重发挥这3类基层卫生医疗服务机构的作用。

社区卫生服务机构是城市社区卫生服务网络的主体，其主要功能是为社区居民提供疾病预防和控制等公共卫生服务、一般常见病及多发病的初级诊疗服务、慢性病管理和康复服务。乡镇卫生院是一定区域范围内的预防、保健、医疗技术指导中心，负责提供公共卫生服务和常见病、多发病的诊疗等综合服务，负责对村卫生室的业务管理和技术指导以及乡村医生培训等，协助县级医疗卫生机构开展对区域范围内一般卫生院的技术指导等工作。村卫生室承担行政村的公共卫生服务及一般疾病的诊治等工作。

3. 关于随访及培训

根据本条第2款的规定，社区卫生服务机构、乡镇卫生院、村卫生室应当对在家居住的严重精神障碍患者进行定期随访。随访的主要目的是提供精神卫生、用药和家庭护理等方面的信息,督导患者服药,防止复发,及时发现疾病复发或加重的征兆,给予相应处置或转诊,并进行紧急处理。

对有关人员进行培训是做好精神障碍康复工作的重要方面,有利于提高人员素质,提高康复过程中各个环节的质量。一般来说,培训内容包括重性精神疾病防治工作管理、患者规范化治疗、个案管理、计算机数据管理与质量控制、患者家属护理教育、民警和居民委员会人员相关知识与技能等。

第五十六条 【基层群众性自治组织在康复方面的义务】村民委员会、居民委员会应当为生活困难的精神障碍患者家庭提供帮助,并向所在地乡镇人民政府或者街道办事处以及县级人民政府有关部门反映患者及其家庭的情况和要求,帮助其解决实际困难,为患者融入社会创造条件。

条文注释

本条是关于村民委员会、居民委员会在精神障碍康复工作中的具体义务的规定。主要分为以下3个方面。

1. 对精神障碍患者的康复提供帮助,是村民委员会、居民委员会性质及其功能的内在要求

根据《村民委员会组织法》和《城市居民委员会组织法》的规定,村民委员会、居民委员会无论是从其作为基层群众自治组织的性质来说,还是从法律赋予的任务来说,都应该在精神障碍患者的康复中承担一定的义务。另外,村民委员会、居民委员会是最基层的组织,对其成员情况比较了解,对谁患有精神障碍、患病程度如何、医疗康复状况等都比较了

解，故本条规定村民委员会、居民委员会应当为生活困难的精神障碍患者家庭提供帮助，并向所在地乡镇人民政府或者街道办事处以及县级人民政府有关部门反映患者及其家庭的情况和要求，帮助其解决实际困难，为患者融入社会创造条件。

2. 村民委员会、居民委员会应当积极为精神障碍患者康复提供各种帮助

村民委员会、居民委员会为生活困难的精神障碍患者家庭提供帮助的形式多种多样，有直接的也有间接的，有物质帮助也有精神鼓励。实践中，村民委员会、居民委员会为精神障碍患者治疗、康复提供帮助的一个重要方面就是依照有关法律、法规的规定，为符合条件的患者争取一些社会保障方面的支持。当然，村民委员会、居民委员会如果有条件，可以通过资金支持等形式，直接为精神障碍患者康复提供帮助。除此之外，村民委员会、居民委员会还应当经常到访精神障碍患者的家，关心其病情及生活，给予患者及其家属鼓励，增强精神力量。

3. 村民委员会、居民委员会应当为精神障碍患者融入社会创造条件

让精神障碍患者回归社会，像正常人一样工作、学习和生活，这是精神障碍康复的主要目的，也是患者家属的期盼。然而，由于长时间治疗导致精神障碍患者长期脱离社会，进而导致患者社会功能降低。因此，村民委员会、居民委员会应当努力为精神障碍患者创造有利于其康复的外部条件。在精神障碍患者及家庭受到邻里歧视时，积极进行化解，通过宣传、教育、感化等形式消除错误认识，在村里、小区里形成尊重精神障碍患者、关心精神障碍患者的良好环境和氛围。当精神障碍患者扰民、破坏财物时，村民委员会、居民委员会应当

及时出面化解纠纷,调解矛盾,消除由此产生的不良影响。

关联法规

《村民委员会组织法》第 2 条

《城市居民委员会组织法》第 2 条

典型案例

广东省肇庆市高要区人民检察院督促发放严重精神障碍患者监护人补助行政公益诉讼案①

【关键词】

行政公益诉讼诉前程序　残疾人权益　严重精神障碍患者监护人补助

【要旨】

对精神卫生的重视程度是衡量社会文明程度的重要标志之一。严重精神障碍患者监护人补助的依法发放,有利于提高精神障碍患者监护人的积极性,促进监护责任落实,为生活困难的患者家庭有效减轻负担,促进部门、社会、家庭、个人协同到位,提升精神疾病防治能力,完善患者救治救助保障体系。针对行政机关未及时依法发放严重精神障碍患者监护人补助的情形,检察机关通过磋商方式促使其积极履职,推动及时拨付到位。

【基本案情】

广东省肇庆市高要区 2020 年度严重精神障碍患者监护人补助未按时发放,其中部分严重精神障碍患者家庭经

---

① 参见《最高检会同中国残联联合发布残疾人权益保障检察公益诉讼典型案例》,载最高人民检察院官网,https://www.spp.gov.cn/spp/xwfbh/wsfbt/202205/t20220513_556792.shtml#1。

济困难，又未能按时取得相应补助，一定程度影响了患者定期复诊、生活照料和居家康复，可能带来严重精神障碍患者发生危害自身和社会安全的潜在风险，社会公共利益存在受损风险。

【调查和督促履职】

2021年初，广东省肇庆市高要区人民检察院（以下简称高要区院）收到严重精神障碍患者家属的举报反映，2019年以前银行账户会定期有政府发放的补贴转入，2020年后未收到该项补贴。高要区院立即开展初步核查，及时与举报人取得联系，调取其银行账户交易流水清单，向相关部门调取严重精神障碍患者清单、补贴发放情况等，核查到该项补贴实为严重精神障碍患者监护人补助。举报人银行账户在2018年、2019年期间均有收到该项补助，但2020年未收到。针对可能存在补助使用不规范或不及时发放造成社会公共利益受损情形，高要区院迅速启动立案调查。

经查，依据《中华人民共和国精神卫生法》、广东省社会治安综合治理委员会办公室等11部门印发的《关于加强严重精神障碍患者救治救助工作的实施意见》及《肇庆市实施"以奖代补"政策落实严重精神障碍患者监护责任办法》（以下简称《肇庆办法》）等相关规定，高要区严重精神障碍患者监护人补助每年底由监护人和村（居委）填写申报审批表并签署意见后，送镇（街）综治部门受理，由镇（街）综治部门送辖区公安派出所、卫生计生、残联等部门审核，经区综治部门审批，最后由财政部门发放。每年中根据在册的严重精神障碍患者监护人发放一半补助，另一半在年底患者未发生肇事肇祸行为、且监护责任落实经评估合格再发放至监护人。高要区依据《肇庆办法》从2016年起开展严重精神障碍患者监护人补助发放工作。2020年度该项补助发放的前期审核审批工作基本完备,但因各部门之间衔接不畅,截至2021年4月仍未发放。高要区院遂向区财政部门发出《磋商函》,商请依法履行辖区内严重精神障碍患者监护人补助发放和资金管理监控职责。2021年4月19日,高要区财政部门根据相关部门审核资料情况,将2020年度经申请批准的严重精神障碍患者监护人补助经费共计人民币484.915万元全额拨付至全区4000余名患者监护人账户中。各相关职能部门表示,今后将加强沟通协调,依规及时发放补助,切实维护特定群体合法权益。高要区院收到回复后,走访线索举报人家庭,核实补助到账情况并释明行政部门已及时向全区发放该项补助。

【典型意义】

精神卫生是全球性的重大公共卫生问题和突出的社会问题,党中央、国务院高度重视严重精神障碍防治和救助工作,出台一系列法律政策。检察机关主动履行公益诉讼检察职能,督促相关行政部门积极履职,推动严重精神障碍患者监护人补助按程序及时拨付到位,促进国家惠民政策的落实落地,有利于防止严重精神障碍患者及其家庭因病致贫、因病返贫,鼓励和督促监护人认真履行监护责任,推动从源头上预防和减少严重精神障碍患者肇事肇祸事件发生,消除影响社会安全稳定的潜在风险,营造理解、关爱严重精神障碍患者的社会氛围,促进扶残助残社会支持体系建设。

> **第五十七条 【残疾人组织在康复方面的义务】**残疾人组织或者残疾人康复机构应当根据精神障碍患者康复的需要,组织患者参加康复活动。

【条文注释】

本条是关于残疾人组织或者残疾人康复机构在精神障碍患者康复中的义务的规定。

1. 残疾人组织和残疾人康复机构在精神障碍康复中的职责

残疾人组织和残疾人康复机构是维护残疾人权益,服务残疾人工作、生活的社会团体。严重精神障碍患者是残疾人中的一个群体,服务严重精神障碍患者应当是残疾人组织和残疾人康复机构的一项重要职责。这里的"残疾人组织"主要是指各级残疾人联合会。残疾人联合会具有代表、服务、管理3种职能,分别是:代表残疾人共同利益,维护残疾人合法权益;团结教育残疾人,为残疾人服务;履行法律赋予的职责,承担政府委托的任务,管理和发展残疾人事业。残疾人联合会在精神障碍防治康复工作中的职责主要是协助政府,动员社会,做好宣传、发动、组织、协调、服务工作,维护精神障碍患者的合法权益。

2. 残疾人组织或者残疾人康复机构在精神障碍患者康复过程中发挥作用的优势

我国十分重视残疾人保障事业建设,党中央、国务院多次下发有关促进残疾人事业发展的意见、决定。经过几十年的建设,我国残疾人组织机构已经比较健全,经费来源也比较稳定。同时,残疾人组织多年来一直将精神障碍的康复作为其主要职责之一,积累了不少成熟的好做法、好经验。精神障碍患者康复工作,应当充分借助、发挥残疾人组织和残疾人康复机构在精神障碍的康复方面的独特优势。

第五十八条 【用人单位在康复方面的义务】用人单位应当根据精神障碍患者的实际情况,安排患者从事力所能及的工作,保障患者享有同等待遇,安排患者参加必要的职业技能培训,提高患者的就业能力,为患者创造适宜的工作环境,对患者在工作中取得的成绩予以鼓励。

条文注释

本条是关于用人单位在精神障碍患者康复中的义务的规定。

精神障碍的一个显著特点是极易复发,对于已经处于康复阶段,且能够在工作岗位上发挥作用的精神障碍患者,需要社会各方营造积极的环境来保障其持续康复。实践中,许多人对精神障碍存在很多认识误区,认为精神障碍患者难以完全康复,对他们重返工作岗位持怀疑、排斥态度,对在工作单位的精神障碍患者唯恐避之不及甚至歧视,以致造成康复期患者无法正常接触工作,与其他人的关系紧张,加快了精神障碍患者社会功能的退化。因此,要进一步普及精神卫生知识,让人们认识到精神障碍是可以完全康复的,精神障碍患者越不接触社会,其社会功能的退化就越严重。

动员全社会关心精神障碍患者,为他们的社会康复创造和提供良好的环境和条件。应该积极鼓励患者根据康复程度参加工作,让其走出家门,在工作过程中通过与别人交流、从事力所能及的劳动等形式,提高康复效果。

对于处在工作岗位的精神障碍患者来说,工作单位是其重要的持续康复环境,用人单位应当给予特殊照顾。用人单位要充分认识到精神障碍患者病后精神状态的脆弱性,安排患者从事力所能及的工作,尽量不要使之因工作压力大、不堪重负等而产生焦躁不安等负面情绪。用人单位要保障精神障碍患者享有同等待遇,不能让他们感到受到不平等的待遇和歧视。用人单位要安排精神障碍患者参加必要的职业技能培训,提高他们的就业能力。另外,用人单位也要经常与精神障碍患者交流,掌握其精神状态,并帮助他们正确对待工作生活,提高其心理承受能力和增强信心。

> **第五十九条　【监护人在康复方面的义务】**精神障碍患者的监护人应当协助患者进行生活自理能力和社会适应能力等方面的康复训练。
>
> 　　精神障碍患者的监护人在看护患者过程中需要技术指导的,社区卫生服务机构或者乡镇卫生院、村卫生室、社区康复机构应当提供。

【条文注释】

本条是关于精神障碍患者监护人对患者康复所承担的具体义务的规定。

生活自理能力,是指人在生活中自己照料自己的能力。社会适应能力,是指人为了在社会更好生存而进行的心理上、生理上以及行为上的各种适应性的改变,与社会达到和谐状态的一种能力。

精神障碍属于长期病患,复发率高,患者康复出院后仍需要长期的治疗和护理,而多数康复患者自知力差,缺乏自我护理能力,出院后仍需监护人长期照顾。故此,监护人承担的责任比较重要也比较繁杂。监护人应当明确自己所承担的法律义务,增强责任心;应当清楚疾病的本质、服药的重要性、应激时对患者的影响和如何减少应激等;应当掌握一些常见症状、应对技巧和用药的基本知识,督促患者按医嘱服药,定期复诊。这样不仅可以有效预防复发、巩固疗效,还能提高病人的适应能力,使其早日适应社会。

第五章 保障措施

第六十条 【精神卫生工作规划】县级以上人民政府卫生行政部门会同有关部门依据国民经济和社会发展规划的要求,制定精神卫生工作规划并组织实施。

精神卫生监测和专题调查结果应当作为制定精神卫生工作规划的依据。

第六十一条 【政府的职责】省、自治区、直辖市人民政府根据本行政区域的实际情况,统筹规划,整合资源,建设和完善精神卫生服务体系,加强精神障碍预防、治疗和康复服务能力建设。

县级人民政府根据本行政区域的实际情况,统筹规划,建立精神障碍患者社区康复机构。

县级以上地方人民政府应当采取措施,鼓励和支持社会力量举办从事精神障碍诊断、治疗的医疗机构和精神障碍患者康复机构。

关联法规

《国务院办公厅转发卫生部等部门关于进一步加强精神卫生工作的指导意见的通知》

第六十二条 【精神卫生工作经费】各级人民政府应当根据精神卫生工作需要,加大财政投入力度,保障精神卫生工作所需经费,将精神卫生工作经费列入本级财政预算。

条文注释

本条是关于精神卫生工作财政保障的规定。

精神卫生服务绝大多数是低收益服务,市场供给不能满足这些服务的需求,为了满足患者的基本健康需要,应由政府主要承担这部分服务的供给。政府在精神卫生领域的投入是尊重公民健康权利的表现,也是确保社会和谐稳定的基石。

完善政府精神卫生投入政策的基本原则是:(1)统筹规划,优化资源配置;(2)建立稳定的精神卫生工作政府投入机制;(3)明确责任,分级负担;(4)转变机制,提高投入效率。

精神卫生工作经费应当列入本级财政预算,精神卫生工作经费预算应当按照《预算法》的规定编制、审查、批准、执行、调整和监督。

第六十三条 【加强基层精神卫生服务体系建设】国家加强基层精神卫生服务体系建设,扶持贫困地区、边远地区的精神卫生工作,保障城市社区、农村基层精神卫生工作所需经费。

条文注释

本条是关于国家加强基层精神卫生工作的规定。

基层精神卫生服务体系包括4类机构:(1)基层精神卫生专业机构。包括基层精神专科医院和设立精神科的综合医院。(2)基层医疗卫生机构。主要包括社区卫生服务机构和农村医疗卫生机构。(3)精神障碍社区康复机构。(4)基层疾病预防控制机构。主要承担公众心理健康教育、指导和相关信息收集与分析任务。

国家要扶持贫困地区、边远地区的精神卫生工作。(1)加大对贫困地区、边远地区的精神卫生财政投入力度;政府投资项目优先向这些地区倾斜。(2)完善转移支付办法,增加一般性转移支付规模和比例,充分发挥专项转移支付资金促进精神卫生工作的积极作用。国家要保障城市社区、农村基层精神卫生工作所需经费。

第六十四条　【培养精神医学专门人才】医学院校应当加强精神医学的教学和研究,按照精神卫生工作的实际需要培养精神医学专门人才,为精神卫生工作提供人才保障。

【条文注释】

本条是关于医学院校为精神卫生工作提供人才保障的规定。

医学院校应按照精神卫生工作的实际需要培养精神医学专门人才。《精神科专科医师培训细则》规定,精神科专科医师培养阶段为3年,以培养通科和普通精神科临床工作能力为首要任务。通过基础培养,被培养者能够掌握本学科的基础理论,获得临床执业医师所必需的临床基本知识和基本技能,树立精神医学与生物医学相统一的整体医学意识,达到从事精神科临床工作所必需的最低要求。培养方式主要为内科各科(包括神经内科)、急诊科、普通精神科病房轮转,完成规定的临床技能培养量化指标和指定的自学内容等。通过培养和考试合格者方可进入精神病学亚专业的培养。

第六十五条 【综合医院开设精神科门诊、心理治疗门诊】综合性医疗机构应当按照国务院卫生行政部门的规定开设精神科门诊或者心理治疗门诊,提高精神障碍预防、诊断、治疗能力。

条文注释

本条是关于综合性医疗机构开设精神科门诊或者心理治疗门诊的规定。

门诊,是指医生在医院或诊所里对病人进行诊疗,给予不住院的初步诊断和用药的行为。门诊可分为一般门诊、专科门诊、急诊门诊3种。为某类疾病专门设立的门诊是专科门诊,精神科门诊或者心理治疗门诊属于专科门诊。本条明确规定,综合性医疗机构应当按照国务院卫生健康行政部门的规定开设精神科门诊或者心理治疗门诊。这一规定保证了我国综合性医疗机构精神科门诊和心理治疗门诊的建设,使综合性医疗机构能够作为精神卫生专业机构在精神卫生服务体系中发挥主体作用。

此外,需要注意的是开设精神科门诊和心理治疗门诊要按照国务院卫生健康行政部门的规定有步骤地进行。国务院卫生健康行政部门的职责包括负责医疗机构医疗服务的全行业监督管理,制定医疗机构医疗服务、技术、医疗质量和采供血机构管理的政策、规范、标准,组织制定医疗卫生职业道德规范,建立医疗机构医疗服务评价和监督体系。因此,由国务院卫生行政部门规定综合性医疗机构开设精神科门诊或者心理治疗门诊的具体步骤和内容。

第六十六条 【精神卫生知识培训】医疗机构应当组织医务人员学习精神卫生知识和相关法律、法规、政策。

从事精神障碍诊断、治疗、康复的机构应当定期组织医务人员、工作人员进行在岗培训,更新精神卫生知识。

县级以上人民政府卫生行政部门应当组织医务人员进行精神卫生知识培训,提高其识别精神障碍的能力。

条文注释

本条是关于对医务人员及相关工作人员进行精神卫生知识培训的规定。

精神障碍的预防、诊疗、康复工作要通过医务人员及相关工作人员来完成。医务人员及相关工作人员的业务水平决定了精神障碍预防、诊疗、康复工作的质量和提供服务的能力。对医务人员及相关工作人员进行精神卫生知识培训是提高医务人员及相关工作人员业务水平的重要方式。

第六十七条 【对师范学校和教师的特殊要求】师范院校应当为学生开设精神卫生课程;医学院校应当为非精神医学专业的学生开设精神卫生课程。

县级以上人民政府教育行政部门对教师进行上岗前和在岗培训,应当有精神卫生的内容,并定期组织心理健康教育教师、辅导人员进行专业培训。

条文注释

本条是关于开设精神卫生课程以及对教师进行精神卫生知识培训的规定。

本条对两类教育机构提出了开设精神卫生课程的要求。

第一类是师范院校对所有学生开设精神卫生课程；第二类是医学院校应当为非精神医学专业的学生开设精神卫生课程。

心理健康教育教师，又称心理健康辅导教师，是指具有扎实的心理学或教育学理论知识，经过相关专业知识的学习和专业技能的培训，能充分掌握和运用有关心理健康教育的方法和手段，以培养学生良好的心理素质、促进学生身心全面和谐发展与综合素质全面提高为主要教育任务的教师。

关联法规

《普通高等学校学生心理健康教育工作基本建设标准（试行）》

第六十八条 【精神障碍患者的医疗保障】县级以上人民政府卫生行政部门应当组织医疗机构为严重精神障碍患者免费提供基本公共卫生服务。

精神障碍患者的医疗费用按照国家有关社会保险的规定由基本医疗保险基金支付。医疗保险经办机构应当按照国家有关规定将精神障碍患者纳入城镇职工基本医疗保险、城镇居民基本医疗保险或者新型农村合作医疗的保障范围。县级人民政府应当按照国家有关规定对家庭经济困难的严重精神障碍患者参加基本医疗保险给予资助。医疗保障、财政等部门应当加强协调，简化程序，实现属于基本医疗保险基金支付的医疗费用由医疗机构与医疗保险经办机构直接结算。

精神障碍患者通过基本医疗保险支付医疗费用后仍有困难，或者不能通过基本医疗保险支付医疗费用的，医疗保障部门应当优先给予医疗救助。

条文注释

本条是关于为严重精神障碍患者免费提供基本公共卫生服务以及为精神障碍患者给予基本医疗保险和优先医疗救助的规定。

第 1 款提到的"基本公共卫生服务",是指由疾病预防控制机构、城市社区卫生服务中心、乡镇卫生院等城乡基本医疗卫生机构向全体居民提供的公共卫生服务,是公益性的公共卫生干预措施,主要起疾病预防控制作用。县级以上政府卫生健康行政部门应当组织医疗机构为严重精神障碍患者免费提供基本公共卫生服务。

第 2 款规定了精神障碍患者的基本医疗保险,这些内容在《社会保险法》中有相关规定。《社会保险法》规定,职工需要参加职工基本医疗保险,由用人单位和职工按照国家规定共同缴纳基本医疗保险费。无雇工的个体工商户、未在用人单位参加职工基本医疗保险的非全日制从业人员以及其他灵活就业人员可以参加职工基本医疗保险,由个人按照国家规定缴纳基本医疗保险费。

关于社会保险补贴,《残疾人保障法》规定,对生活确有困难的残疾人,按照国家有关规定给予社会保险补贴。《社会保险法》规定,国家建立和完善城镇居民基本医疗保险制度。城镇居民基本医疗保险实行个人缴费和人民政府补贴相结合。享受最低生活保障的人、丧失劳动能力的残疾人、低收入家庭 60 周岁以上的老年人和未成年人等所需个人缴费部分,由政府给予补贴。

第 3 款所说的城乡医疗救助制度,是指通过政府拨款和社会捐助等多渠道筹资建立基金,对患大病的农村"五保户"和贫困农民家庭、城市居民最低生活保障对象中未参加城镇职工基本医疗保险人员、已参加城镇职工基本医疗保险但个人负担仍然较重的人员以及其他特殊困难群众给予医疗费用补助（农村医疗救助也可以资助救助对象参加当地新型农村合作医疗）的制度。医疗救助是医疗保障底线。精神障碍患者通过基本医疗保险支付医疗费用后仍有困难，或者不能通过基本医疗保险支付医疗费用的，医疗保障部门应当优先给予医疗救助。

关联法规

《残疾人保障法》第 47、48 条

《社会保险法》第 23~32 条

《民政部、财政部、卫生部、人力资源和社会保障部关于进一步完善城乡医疗救助制度的意见》

第六十九条 【对贫困的严重精神障碍患者的社会救助】对符合城乡最低生活保障条件的严重精神障碍患者，民政部门应当会同有关部门及时将其纳入最低生活保障。

对属于农村五保供养对象的严重精神障碍患者，以及城市中无劳动能力、无生活来源且无法定赡养、抚养、扶养义务人，或者其法定赡养、抚养、扶养义务人无赡养、抚养、扶养能力的严重精神障碍患者，民政部门应当按照国家有关规定予以供养、救助。

前两款规定以外的严重精神障碍患者确有困难的，民政部门可以采取临时救助等措施，帮助其解决生活困难。

条文注释

本条是关于贫困的严重精神障碍患者生活保障的规定。

本条第 1 款规定了严重精神障碍患者依法享受城乡居民最低生活保障。由于严重的精神障碍患者长期治疗花费巨大，并且一般没有劳动收入，因此其本人及家庭的生活水平普遍较低，非常需要从社会获得帮助。对于符合城乡最低生活保障条件的严重精神障碍患者，有关部门应当及时将其纳入最低生活保障，解决其生活困难。

本条第 2 款规定了属于农村五保供养对象和城市"三无"人员的严重精神障碍患者依法享受供养、救助。农村五保供养和城市"三无"人员救助是国家对无劳动能力、无生活来源且无法定赡养、抚养、扶养义务人，或者其法定赡养、抚养、扶养义务人无赡养、抚养、扶养能力的这类弱势群体实行政府出资供养的制度。享受供养和救助的前提条件是"三无"：无劳动能力，是指丧失劳动能力的重残者；无生活来源，是指没有劳动收入和其他收入；无赡养、抚养、扶养义务人，是指无依无靠，没有父母、成年子女和其他亲属承担赡养、抚养、扶养义务。

本条第 3 款规定了严重精神障碍患者依法享受临时救助。临时救助制度，主要是指对在日常生活中由于各种特殊原因造成基本生活出现暂时困难的家庭，给予非定期、非定量生活救助的制度。

关联法规

《城市居民最低生活保障条例》

《国务院关于在全国建立农村最低生活保障制度的通知》

《国务院办公厅转发中国残联等部门和单位关于加快推进残疾人社会保障体系和服务体系建设指导意见的通知》

第七十条 【精神障碍患者教育就业权利的保障】县级以上地方人民政府及其有关部门应当采取有效措施，保证患有精神障碍的适龄儿童、少年接受义务教育，扶持有劳动能力的精神障碍患者从事力所能及的劳动，并为已经康复的人员提供就业服务。

国家对安排精神障碍患者就业的用人单位依法给予税收优惠，并在生产、经营、技术、资金、物资、场地等方面给予扶持。

【条文注释】

本条是关于保障精神障碍患者教育、就业权利的规定。主要分为以下3个方面：

1. 国家保障精神障碍患者享有平等接受教育的权利

县级以上地方人民政府及其有关部门应当采取有效措施，保证患有精神障碍的适龄儿童、少年接受义务教育。义务教育是国家统一实施的所有适龄儿童、少年必须接受的教育，是国家必须予以保障的公益性事业。

精神障碍的儿童、少年与正常儿童、少年相比在就学时会遇到很多困难。政府应当采取有效措施，如社区教育、送教上门、跨区域招生、建立专门学校、建设儿童福利机构特教班等形式，解决精神障碍儿童、少年就学的实际困难，保障其按时接受义务教育。

2. 国家保障精神障碍患者依法享有劳动就业权

劳动是公民的基本权利。劳动就业对改善精神障碍患者生活状况，提高其社会地位，使其平等充分地参与社会生活，共享社会物质文化成果具有重要意义。

县级以上地方人民政府及其有关部门应当采取有效措

施,扶持有劳动能力的精神障碍患者从事力所能及的劳动,并为已经康复的人员提供就业服务。对于有劳动能力的精神障碍患者,应当安排其从事力所能及的劳动,安排其就业的工种和岗位要适当,适合其特殊精神状况,这既是对精神障碍患者的尊重和保护,也体现出对劳动力资源的合理配置。对于已经康复的精神障碍患者,政府应当在其就业过程中加以辅助和引导,为其就业提供一定的服务和便利,为其提供职业指导、职业介绍、职业培训等服务,帮助其尽快走入社会,恢复正常的生活和劳动。

3. 安排精神障碍患者就业的优惠政策

本条第2款规定,国家对安排精神障碍患者就业的用人单位依法给予税收优惠,并在生产、经营、技术、资金、物资、场地等方面给予扶持。税收优惠是推进精神障碍患者就业的有效措施。对安排精神障碍患者就业的用人单位依法给予税收优惠,可以减少该用人单位的成本支出,引导用人单位安排精神障碍患者就业,同时也是对用人单位勇于承担社会责任的鼓励。

关联法规

《宪法》第42条

《义务教育法》第6、19、57条

《残疾人保障法》第30条

第七十一条 【精神卫生工作人员的保障】精神卫生工作人员的人格尊严、人身安全不受侵犯,精神卫生工作人员依法履行职责受法律保护。全社会应当尊重精神卫生工作人员。

> 县级以上人民政府及其有关部门、医疗机构、康复机构应当采取措施，加强对精神卫生工作人员的职业保护，提高精神卫生工作人员的待遇水平，并按照规定给予适当的津贴。精神卫生工作人员因工致伤、致残、死亡的，其工伤待遇以及抚恤按照国家有关规定执行。

【条文注释】

本条是关于保障精神卫生工作人员权利的规定。主要分为以下3个方面：

1. 人格尊严不受侵犯，有权获得社会尊重

精神卫生工作是一份高情感负担的职业，他们每天接触的都是精神状态异于常人、情感表达十分特殊的人群，在这样的环境中工作，情感负荷相当大，也更容易被负面情绪影响。在这种情况下，他们更需要社会的尊重、理解和关怀。因此，我国立法保障精神卫生工作人员的人格尊严不受侵犯，全社会都应当尊重他们。

2. 人身安全不受侵犯，依法享受工伤待遇

精神卫生工作是一个具有高风险性的职业。伤害大多来自患者及其家属，两方面的伤害导致精神卫生医护人员的人身安全严重缺乏保障，尤其是在受到患者的伤害后，由于患者为限制行为能力人或无行为能力人，无法承担法律责任，而追究监护人的责任又很难，获得赔偿更是难上加难。在这种情况下，申请工伤待遇也是困难重重。为保障精神卫生工作人员的人身安全，维护其合法权益，本条规定，精神卫生工作人员的人身安全不受侵犯，精神卫生工作人员因工致伤、致残、死亡的，其工伤待遇以及抚恤按照国家有关规定执行。

3.有权依法履行职责

本法规定了精神卫生工作人员在为精神障碍患者诊断和治疗过程中的一些法定职责。精神卫生工作人员在履行留院诊断、实施约束隔离措施、限制通讯和会见权利等职责时,由于涉及患者的人身自由、通信自由等权利,有时得不到患者或其家属的理解,有些遭到抗议或阻挠甚至人身攻击,严重干扰了正常的治疗工作。为维护精神卫生工作人员的权益,保障患者的科学治疗,有必要对精神卫生工作人员依法履行职责的权利加以保护,避免受到患者及其家属的干扰。精神卫生工作人员有权按照法律规定依法履行相应的职责,其依法履行职责的行为受法律保护。

第六章 法律责任

第七十二条 【管理部门的法律责任】县级以上人民政府卫生行政部门和其他有关部门未依照本法规定履行精神卫生工作职责,或者滥用职权、玩忽职守、徇私舞弊的,由本级人民政府或者上一级人民政府有关部门责令改正,通报批评,对直接负责的主管人员和其他直接责任人员依法给予警告、记过或者记大过的处分;造成严重后果的,给予降级、撤职或者开除的处分。

第七十三条 【不符合规定条件的医疗机构的法律责任】不符合本法规定条件的医疗机构擅自从事精神障碍诊断、治疗的,由县级以上人民政府卫生行政部门责令停止相关诊疗活动,给予警告,并处五千元以上一万元以下罚款,有违法所得的,没收违法所得;对直接负责的主管人员和其他直接责任人员依法给予或者责令给予降低岗位等级或者撤职、开除的处分;对有关医务人员,吊销其执业证书。

条文注释

本条是关于不符合规定条件的医疗机构擅自从事精神障碍诊断、治疗的法律责任的规定。

本法第25条规定了医疗机构开展精神障碍诊断、治疗活动应当具备相应的条件。

对从事精神障碍诊断和治疗的医疗机构的条件必须严格加以限制,防止非法行医、侵害精神障碍患者权益、损害精神障碍患者身体健康等问题的发生。对不符合本法规定条件的医疗机构擅自从事精神障碍诊断、治疗的,应当承担相应的法律责任。(1)对医疗机构的处分。责令其停止相关诊疗活动,给予警告,并处5000元以上1万元以下罚款,有违法所得的,没收违法所得。(2)对直接负责的主管人员和其他直接责任人员的处分。对其依法给予或者责令给予降低岗位等级或者撤职、开除的处分。(3)对有关医务人员的处分。吊销有关医务人员的执业证书。医疗机构及其工作人员违反本条规定的情形,情节严重,触犯《刑法》规定的禁止性规范,构成犯罪的,依法追究刑事责任。

关联法规

《医疗机构管理条例》第24、27、44条

第七十四条 【医疗机构及其工作人员的法律责任】 医疗机构及其工作人员有下列行为之一的,由县级以上人民政府卫生行政部门责令改正,给予警告;情节严重的,对直接负责的主管人员和其他直接责任人员依法给予或者责令给予降低岗位等级或者撤职、开除的处分,并可以责令有关医务人员暂停一个月以上六个月以下执业活动:

(一)拒绝对送诊的疑似精神障碍患者作出诊断的;

(二)对依照本法第三十条第二款规定实施住院治疗的患者未及时进行检查评估或者未根据评估结果作出处理的。

关联法规

《精神卫生法》第 28、30、44 条

第七十五条 【医疗机构及其工作人员的法律责任】 医疗机构及其工作人员有下列行为之一的,由县级以上人民政府卫生行政部门责令改正,对直接负责的主管人员和其他直接责任人员依法给予或者责令给予降低岗位等级或者撤职的处分;对有关医务人员,暂停六个月以上一年以下执业活动;情节严重的,给予或者责令给予开除的处分,并吊销有关医务人员的执业证书:

(一)违反本法规定实施约束、隔离等保护性医疗措施的;

(二)违反本法规定,强迫精神障碍患者劳动的;

(三)违反本法规定对精神障碍患者实施外科手术或者实验性临床医疗的;

(四)违反本法规定,侵害精神障碍患者的通讯和会见探访者等权利的;

(五)违反精神障碍诊断标准,将非精神障碍患者诊断为精神障碍患者的。

条文注释

本条是关于医疗机构及其工作人员存在违法行为的法律责任的规定。

本条规定的医疗机构及其工作人员的违法情形主要有5种:(1)违反本法规定实施约束、隔离等保护性医疗措施的。医疗机构及其工作人员在实施保护性医疗措施时应当严格遵守本法对其实施约束、隔离等保护性医疗措施的条件、情形、标准、规范、程序和禁止性规定,不符合法律规定的情形实施,不遵循诊断标准和治疗规范实施,实施后未告知患者监护人,利用约束、隔离等保护性医疗措施惩罚精神障碍患者等行为均属于违法行为。(2)违反本法规定,强迫精神障碍患者劳动的。(3)违反本法规定对精神障碍患者实施外科手术或者实验性临床医疗的。(4)违反本法规定,侵害精神障碍患者的通讯和会见探访者等权利的。(5)违反精神障碍诊断标准,将非精神障碍患者诊断为精神障碍患者的。

关联法规

《精神卫生法》第39~44、46条

第七十六条 【心理咨询、心理治疗违法行为的法律责任】有下列情形之一的,由县级以上人民政府卫生行政部门、工商行政管理部门依据各自职责责令改正,给予警告,并处五千元以上一万元以下罚款,有违法所得的,没收违法所得;造成严重后果的,责令暂停六个月以上一年以下执业活动,直至吊销执业证书或者营业执照:

(一)心理咨询人员从事心理治疗或者精神障碍的诊断、治疗的;

(二)从事心理治疗的人员在医疗机构以外开展心理治疗活动的;

(三)专门从事心理治疗的人员从事精神障碍的诊断的;

(四)专门从事心理治疗的人员为精神障碍患者开具处方或者提供外科治疗的。

心理咨询人员、专门从事心理治疗的人员在心理咨询、心理治疗活动中造成他人人身、财产或者其他损害的,依法承担民事责任。

条文注释

本条是关于心理咨询、心理治疗中的违法行为的相关法律责任的规定。

本条规定的性质属于"行为罚",法律认定本条规定的4种违法行为都具有较强的危险性,不论是否出现严重后果,有关部门都应该严格查处,依据各自职责责令改正,给予警告,并处5000元以上1万元以下罚款,有违法所得的要予以没收。如果"造成严重后果",属于对违法行为处罚的加重情节,有关部门可以责令暂停6个月以上1年以下执业活动,直至吊销执业证书或者营业执照。

关联法规

《精神卫生法》第 23、51 条

> **第七十七条 【侵犯患者隐私的法律责任】**有关单位和个人违反本法第四条第三款规定,给精神障碍患者造成损害的,依法承担赔偿责任;对单位直接负责的主管人员和其他直接责任人员,还应当依法给予处分。

条文注释

本条是关于违反信息保密义务法律责任的规定。

为了保护作为弱势群体的精神障碍患者的隐私权,本法规定了有关单位和个人对患者的信息保密义务。本条规定的信息内容属于精神障碍患者的隐私,违反本条规定的行为,属于侵害患者隐私权等民事权益的侵权行为。认定本条规定的违法行为,需要注意将"依法履行职责需要公开的"情况区别开来。

关联法规

《精神卫生法》第 4 条

《最高人民法院关于确定民事侵权精神损害赔偿责任若干问题的解释》

> **第七十八条 【侵犯患者或其他公民权益的民事责任】**违反本法规定,有下列情形之一,给精神障碍患者或者其他公民造成人身、财产或者其他损害的,依法承担赔偿责任:
>
> (一)将非精神障碍患者故意作为精神障碍患者送入医疗机构治疗的;

(二)精神障碍患者的监护人遗弃患者,或者有不履行监护职责的其他情形的;

(三)歧视、侮辱、虐待精神障碍患者,侵害患者的人格尊严、人身安全的;

(四)非法限制精神障碍患者人身自由的;

(五)其他侵害精神障碍患者合法权益的情形。

条文注释

本条是关于"被精神病"和侵犯精神障碍患者合法权益的法律责任的规定。

本条规定了5种情形,包括将非精神障碍患者故意作为精神障碍患者送入医疗机构治疗的行为和损害精神障碍患者合法权益的行为,给精神障碍患者或者其他公民造成人身、财产或者其他损害的,应当依法承担损害赔偿的民事责任。需要注意的是,在认定侵权时,涉及"被精神病"的违法行为,必须要求违法行为人主观上有"故意",而其他几种侵害精神障碍患者合法权益的行为可以是故意的,也可以是过失的,都有可能造成侵权的民事责任。

第七十九条 【监护人的法律责任】医疗机构出具的诊断结论表明精神障碍患者应当住院治疗而其监护人拒绝,致使患者造成他人人身、财产损害的,或者患者有其他造成他人人身、财产损害情形的,其监护人依法承担民事责任。

条文注释

本条是关于精神障碍患者造成他人损害时监护人责任

的规定。

本条规定了监护人承担责任的两种情形:(1)医疗机构出具的诊断结论表明精神障碍患者应当住院治疗而其监护人拒绝,致使患者造成他人人身、财产损害的情形。因为存在监护人拒绝患者住院治疗的行为,在法院依照《民法典》判定监护人承担民事责任的时候,一般不适用减轻监护人责任的规定。需要注意的是,虽然监护人同意对精神障碍患者实施住院治疗,但在住院治疗过程中,拒绝接受医生继续对患者实施住院治疗的建议,或者协助患者擅自脱离住院治疗,致人损害的,监护人也应当依法承担民事责任,一般也不适用减轻监护人责任的规定。(2)应当对精神障碍患者实施住院治疗而监护人拒绝的情形以外的精神障碍患者有其他造成他人人身、财产损害的情形。

未住院治疗的精神障碍患者发生侵权行为,造成他人人身、财产损害的,依据本条规定应当由监护人承担民事(侵权)责任。需要注意的是,正在住院治疗的精神障碍患者在医院内造成他人人身、财产损害的,如果医院未尽医疗管理职责,医院应在过错责任范围内承担相应的赔偿责任。精神病人在住院期间造成他人损害的,主要由监护人承担赔偿责任,但医院有过错的,医院也应适当承担赔偿责任。

关联法规

《精神卫生法》第30、31条

《民法典》第1188条

第八十条 【依法给予治安管理处罚】在精神障碍的诊断、治疗、鉴定过程中,寻衅滋事,阻挠有关工作人员依照本法的规定履行职责,扰乱医疗机构、鉴定机构工作秩序的,依法给予治安管理处罚。

违反本法规定,有其他构成违反治安管理行为的,依法给予治安管理处罚。

第八十一条 【追究刑事责任】违反本法规定,构成犯罪的,依法追究刑事责任。

关联法规

《刑法》第18条

第八十二条 【司法救济】精神障碍患者或者其监护人、近亲属认为行政机关、医疗机构或者其他有关单位和个人违反本法规定侵害患者合法权益的,可以依法提起诉讼。

条文注释

本条是关于给予精神障碍患者司法救济的规定。

承认精神障碍患者的诉权是国际上通行的做法。本法为了维护精神障碍患者的合法权益,同时防止"被精神病"侵犯公民合法权益的行为,赋予精神障碍患者相关的司法救济权。(1)精神障碍患者或者其监护人、近亲属都可以是依法提起诉讼的法律主体。(2)关于本条规定的诉讼,因诉讼对象不同,可以分为民事诉讼、行政诉讼和刑事自诉3种类型。

关联法规

《行政诉讼法》第2条

第七章 附 则

第八十三条 【相关概念】本法所称精神障碍,是指由各种原因引起的感知、情感和思维等精神活动的紊乱或者异常,导致患者明显的心理痛苦或者社会适应等功能损害。

本法所称严重精神障碍,是指疾病症状严重,导致患者社会适应等功能严重损害、对自身健康状况或者客观现实不能完整认识,或者不能处理自身事务的精神障碍。

本法所称精神障碍患者的监护人,是指依照民法通则的有关规定可以担任监护人的人。

关联法规

《民法典》第 28、31、32 条

第八十四条 【军队的精神卫生工作】军队的精神卫生工作,由国务院和中央军事委员会依据本法制定管理办法。

条文注释

本条是关于军队精神卫生工作的规定。

军队精神卫生工作具有精神卫生工作的一般共性特点,也具有其特殊性,本法授权国务院和中央军事委员会根据本法制定军队精神卫生工作管理办法。军队精神卫生工作应当遵循精神卫生工作的一般共性要求,依据本法制定管理办法时,要遵守本法原则性的规定,如精神卫生工作实行预防为主的方针,坚持预防、治疗和康复相结合的原则等。

第八十五条 【施行日期】本法自2013年5月1日起施行。

附 录

中华人民共和国残疾人保障法

（1990年12月28日第七届全国人民代表大会常务委员会第十七次会议通过 2008年4月24日第十一届全国人民代表大会常务委员会第二次会议修订 根据2018年10月26日第十三届全国人民代表大会常务委员会第六次会议《关于修改〈中华人民共和国野生动物保护法〉等十五部法律的决定》修正）

目 录

第一章 总　　则
第二章 康　　复
第三章 教　　育
第四章 劳动就业
第五章 文化生活
第六章 社会保障
第七章 无障碍环境
第八章 法律责任
第九章 附　　则

第一章 总　　则

第一条 为了维护残疾人的合法权益,发展残疾人事业,保障残疾人平等地充分参与社会生活,共享社会物质文化成果,根据宪法,制定本法。

第二条 残疾人是指在心理、生理、人体结构上,某种组织、功能丧失或者不正常,全部或者部分丧失以正常方式从事某种活动能力的人。

残疾人包括视力残疾、听力残疾、言语残疾、肢体残疾、智力残疾、精神残疾、多重残疾和其他残疾的人。

残疾标准由国务院规定。

第三条 残疾人在政治、经济、文化、社会和家庭生活等方面享有同其他公民平等的权利。

残疾人的公民权利和人格尊严受法律保护。

禁止基于残疾的歧视。禁止侮辱、侵害残疾人。禁止通过大众传播媒介或者其他方式贬低损害残疾人人格。

第四条 国家采取辅助方法和扶持措施,对残疾人给予特别扶助,减轻或者消除残疾影响和外界障碍,保障残疾人权利的实现。

第五条 县级以上人民政府应当将残疾人事业纳入国民经济和社会发展规划,加强领导,综合协调,并将残疾人事业经费列入财政预算,建立稳定的经费保障机制。

国务院制定中国残疾人事业发展纲要,县级以上地方人民政府根据中国残疾人事业发展纲要,制定本行政区域的残疾人事业发展规划和年度计划,使残疾人事业与经济、社会协调发展。

县级以上人民政府负责残疾人工作的机构,负责组织、协调、指导、督促有关部门做好残疾人事业的工作。

各级人民政府和有关部门,应当密切联系残疾人,听取残疾人的意见,按照各自的职责,做好残疾人工作。

第六条 国家采取措施,保障残疾人依照法律规定,通过各种途径和形式,管理国家事务,管理经济和文化事业,管理社会事务。

制定法律、法规、规章和公共政策,对涉及残疾人权益和残疾人事业的重大问题,应当听取残疾人和残疾人组织的意见。

残疾人和残疾人组织有权向各级国家机关提出残疾人权益保障、残疾人事业发展等方面的意见和建议。

第七条 全社会应当发扬人道主义精神,理解、尊重、关心、帮助残疾人,支持残疾人事业。

国家鼓励社会组织和个人为残疾人提供捐助和服务。

国家机关、社会团体、企业事业单位和城乡基层群众性自治组织,应当做好所属范围内的残疾人工作。

从事残疾人工作的国家工作人员和其他人员,应当依法履行职责,努力为残疾人服务。

第八条 中国残疾人联合会及其地方组织,代表残疾人的共同利益,维护残疾人的合法权益,团结教育残疾人,为残疾人服务。

中国残疾人联合会及其地方组织依照法律、法规、章程或者接受政府委托,开展残疾人工作,动员社会力量,发展残疾人事业。

第九条 残疾人的扶养人必须对残疾人履行扶养义务。

残疾人的监护人必须履行监护职责,尊重被监护人的意愿,维护被监护人的合法权益。

残疾人的亲属、监护人应当鼓励和帮助残疾人增强自立能力。

禁止对残疾人实施家庭暴力,禁止虐待、遗弃残疾人。

第十条 国家鼓励残疾人自尊、自信、自强、自立,为社会主义建设贡献力量。

残疾人应当遵守法律、法规,履行应尽的义务,遵守公共秩序,尊重社会公德。

第十一条 国家有计划地开展残疾预防工作,加强对残疾预防工作的领导,宣传、普及母婴保健和预防残疾的知识,建立健全出生缺陷预防和早期发现、早期治疗机制,针对遗传、疾病、药物、事故、灾害、环境污染和其他致残因素,组织和动员社会力量,采取措施,预防残疾的发生,减轻残疾程度。

国家建立健全残疾人统计调查制度,开展残疾人状况的统计调查和分析。

第十二条 国家和社会对残疾军人、因公致残人员以及其他为维护国家和人民利益致残的人员实行特别保障,给予抚恤和优待。

第十三条 对在社会主义建设中做出显著成绩的残疾人,对维护残疾人合法权益、发展残疾人事业、为残疾人服务做出显著成绩的单位和个人,各级人民政府和有关部门给予表彰和奖励。

第十四条 每年5月的第三个星期日为全国助残日。

第二章 康 复

第十五条 国家保障残疾人享有康复服务的权利。

各级人民政府和有关部门应当采取措施,为残疾人康复创造条件,建立和完善残疾人康复服务体系,并分阶段实施重点康复项目,帮助残疾人恢复或者补偿功能,增强其参与社会生活的能力。

第十六条 康复工作应当从实际出发,将现代康复技术与我国传统康复技术相结合;以社区康复为基础,康复机构为骨干,残疾人家庭为依托;以实用、易行、受益广的康复内容为重点,优先开展残疾儿童抢救性治疗和康复;发展符合康复要求的科学技术,鼓励自主创新,加强康复新技术的研究、开发和应用,为残疾人提供有效的康复服务。

第十七条　各级人民政府鼓励和扶持社会力量兴办残疾人康复机构。

地方各级人民政府和有关部门，应当组织和指导城乡社区服务组织、医疗预防保健机构、残疾人组织、残疾人家庭和其他社会力量，开展社区康复工作。

残疾人教育机构、福利性单位和其他为残疾人服务的机构，应当创造条件，开展康复训练活动。

残疾人在专业人员的指导和有关工作人员、志愿工作者及亲属的帮助下，应当努力进行功能、自理能力和劳动技能的训练。

第十八条　地方各级人民政府和有关部门应当根据需要有计划地在医疗机构设立康复医学科室，举办残疾人康复机构，开展康复医疗与训练、人员培训、技术指导、科学研究等工作。

第十九条　医学院校和其他有关院校应当有计划地开设康复课程，设置相关专业，培养各类康复专业人才。

政府和社会采取多种形式对从事康复工作的人员进行技术培训；向残疾人、残疾人亲属、有关工作人员和志愿工作者普及康复知识，传授康复方法。

第二十条　政府有关部门应当组织和扶持残疾人康复器械、辅助器具的研制、生产、供应、维修服务。

第三章　教　　育

第二十一条　国家保障残疾人享有平等接受教育的权利。

各级人民政府应当将残疾人教育作为国家教育事业的组成部分，统一规划，加强领导，为残疾人接受教育创造条件。

政府、社会、学校应当采取有效措施，解决残疾儿童、少年就学存在的实际困难,帮助其完成义务教育。

各级人民政府对接受义务教育的残疾学生、贫困残疾人家庭的学生提供免费教科书,并给予寄宿生活费等费用补助;对接受义务教育以外其他教育的残疾学生、贫困残疾人家庭的学生按照国家有关规定给予资助。

第二十二条 残疾人教育,实行普及与提高相结合、以普及为重点的方针,保障义务教育,着重发展职业教育,积极开展学前教育,逐步发展高级中等以上教育。

第二十三条 残疾人教育应当根据残疾人的身心特性和需要,按照下列要求实施:

(一)在进行思想教育、文化教育的同时,加强身心补偿和职业教育;

(二)依据残疾类别和接受能力,采取普通教育方式或者特殊教育方式;

(三)特殊教育的课程设置、教材、教学方法、入学和在校年龄,可以有适度弹性。

第二十四条 县级以上人民政府应当根据残疾人的数量、分布状况和残疾类别等因素,合理设置残疾人教育机构,并鼓励社会力量办学、捐资助学。

第二十五条 普通教育机构对具有接受普通教育能力的残疾人实施教育,并为其学习提供便利和帮助。

普通小学、初级中等学校,必须招收能适应其学习生活的残疾儿童、少年入学;普通高级中等学校、中等职业学校和高等学校,必须招收符合国家规定的录取要求的残疾考生入学,不得因其残疾而拒绝招收;拒绝招收的,当事人或者其亲属、监护人可以要求有关部门处理,有关部门应当责令该学校招收。

普通幼儿教育机构应当接收能适应其生活的残疾幼儿。

第二十六条　残疾幼儿教育机构、普通幼儿教育机构附设的残疾儿童班、特殊教育机构的学前班、残疾儿童福利机构、残疾儿童家庭，对残疾儿童实施学前教育。

初级中等以下特殊教育机构和普通教育机构附设的特殊教育班，对不具有接受普通教育能力的残疾儿童、少年实施义务教育。

高级中等以上特殊教育机构、普通教育机构附设的特殊教育班和残疾人职业教育机构，对符合条件的残疾人实施高级中等以上文化教育、职业教育。

提供特殊教育的机构应当具备适合残疾人学习、康复、生活特点的场所和设施。

第二十七条　政府有关部门、残疾人所在单位和有关社会组织应当对残疾人开展扫除文盲、职业培训、创业培训和其他成人教育，鼓励残疾人自学成才。

第二十八条　国家有计划地举办各级各类特殊教育师范院校、专业，在普通师范院校附设特殊教育班，培养、培训特殊教育师资。普通师范院校开设特殊教育课程或者讲授有关内容，使普通教师掌握必要的特殊教育知识。

特殊教育教师和手语翻译，享受特殊教育津贴。

第二十九条　政府有关部门应当组织和扶持盲文、手语的研究和应用，特殊教育教材的编写和出版，特殊教育教学用具及其他辅助用品的研制、生产和供应。

第四章　劳动就业

第三十条　国家保障残疾人劳动的权利。

各级人民政府应当对残疾人劳动就业统筹规划，为残疾人创造劳动就业条件。

第三十一条 残疾人劳动就业,实行集中与分散相结合的方针,采取优惠政策和扶持保护措施,通过多渠道、多层次、多种形式,使残疾人劳动就业逐步普及、稳定、合理。

第三十二条 政府和社会举办残疾人福利企业、盲人按摩机构和其他福利性单位,集中安排残疾人就业。

第三十三条 国家实行按比例安排残疾人就业制度。

国家机关、社会团体、企业事业单位、民办非企业单位应当按照规定的比例安排残疾人就业,并为其选择适当的工种和岗位。达不到规定比例的,按照国家有关规定履行保障残疾人就业义务。国家鼓励用人单位超过规定比例安排残疾人就业。

残疾人就业的具体办法由国务院规定。

第三十四条 国家鼓励和扶持残疾人自主择业、自主创业。

第三十五条 地方各级人民政府和农村基层组织,应当组织和扶持农村残疾人从事种植业、养殖业、手工业和其他形式的生产劳动。

第三十六条 国家对安排残疾人就业达到、超过规定比例或者集中安排残疾人就业的用人单位和从事个体经营的残疾人,依法给予税收优惠,并在生产、经营、技术、资金、物资、场地等方面给予扶持。国家对从事个体经营的残疾人,免除行政事业性收费。

县级以上地方人民政府及其有关部门应当确定适合残疾人生产、经营的产品、项目,优先安排残疾人福利性单位生产或者经营,并根据残疾人福利性单位的生产特点确定某些产品由其专产。

政府采购,在同等条件下应当优先购买残疾人福利性单位的产品或者服务。

地方各级人民政府应当开发适合残疾人就业的公益性岗位。

对申请从事个体经营的残疾人,有关部门应当优先核发营业执照。

对从事各类生产劳动的农村残疾人,有关部门应当在生产服务、技术指导、农用物资供应、农副产品购销和信贷等方面,给予帮助。

第三十七条 政府有关部门设立的公共就业服务机构,应当为残疾人免费提供就业服务。

残疾人联合会举办的残疾人就业服务机构,应当组织开展免费的职业指导、职业介绍和职业培训,为残疾人就业和用人单位招用残疾人提供服务和帮助。

第三十八条 国家保护残疾人福利性单位的财产所有权和经营自主权,其合法权益不受侵犯。

在职工的招用、转正、晋级、职称评定、劳动报酬、生活福利、休息休假、社会保险等方面,不得歧视残疾人。

残疾职工所在单位应当根据残疾职工的特点,提供适当的劳动条件和劳动保护,并根据实际需要对劳动场所、劳动设备和生活设施进行改造。

国家采取措施,保障盲人保健和医疗按摩人员从业的合法权益。

第三十九条 残疾职工所在单位应当对残疾职工进行岗位技术培训,提高其劳动技能和技术水平。

第四十条 任何单位和个人不得以暴力、威胁或者非法限制人身自由的手段强迫残疾人劳动。

第五章 文 化 生 活

第四十一条 国家保障残疾人享有平等参与文化生活的权利。

各级人民政府和有关部门鼓励、帮助残疾人参加各种文化、体育、娱乐活动,积极创造条件,丰富残疾人精神文化生活。

第四十二条　残疾人文化、体育、娱乐活动应当面向基层,融于社会公共文化生活,适应各类残疾人的不同特点和需要,使残疾人广泛参与。

第四十三条　政府和社会采取下列措施,丰富残疾人的精神文化生活:

（一）通过广播、电影、电视、报刊、图书、网络等形式,及时宣传报道残疾人的工作、生活等情况,为残疾人服务;

（二）组织和扶持盲文读物、盲人有声读物及其他残疾人读物的编写和出版,根据盲人的实际需要,在公共图书馆设立盲文读物、盲人有声读物图书室;

（三）开办电视手语节目,开办残疾人专题广播栏目,推进电视栏目、影视作品加配字幕、解说;

（四）组织和扶持残疾人开展群众性文化、体育、娱乐活动,举办特殊艺术演出和残疾人体育运动会,参加国际性比赛和交流;

（五）文化、体育、娱乐和其他公共活动场所,为残疾人提供方便和照顾。有计划地兴办残疾人活动场所。

第四十四条　政府和社会鼓励、帮助残疾人从事文学、艺术、教育、科学、技术和其他有益于人民的创造性劳动。

第四十五条　政府和社会促进残疾人与其他公民之间的相互理解和交流,宣传残疾人事业和扶助残疾人的事迹,弘扬残疾人自强不息的精神,倡导团结、友爱、互助的社会风尚。

第六章　社会保障

第四十六条　国家保障残疾人享有各项社会保障的权利。

政府和社会采取措施,完善对残疾人的社会保障,保障和改善残疾人的生活。

第四十七条 残疾人及其所在单位应当按照国家有关规定参加社会保险。

残疾人所在的城乡基层群众性自治组织、残疾人家庭，应当鼓励、帮助残疾人参加社会保险。

对生活确有困难的残疾人，按照国家有关规定给予社会保险补贴。

第四十八条 各级人民政府对生活确有困难的残疾人，通过多种渠道给予生活、教育、住房和其他社会救助。

县级以上地方人民政府对享受最低生活保障待遇后生活仍有特别困难的残疾人家庭，应当采取其他措施保障其基本生活。

各级人民政府对贫困残疾人的基本医疗、康复服务、必要的辅助器具的配置和更换，应当按照规定给予救助。

对生活不能自理的残疾人，地方各级人民政府应当根据情况给予护理补贴。

第四十九条 地方各级人民政府对无劳动能力、无扶养人或者扶养人不具有扶养能力、无生活来源的残疾人，按照规定予以供养。

国家鼓励和扶持社会力量举办残疾人供养、托养机构。

残疾人供养、托养机构及其工作人员不得侮辱、虐待、遗弃残疾人。

第五十条 县级以上人民政府对残疾人搭乘公共交通工具，应当根据实际情况给予便利和优惠。残疾人可以免费携带随身必备的辅助器具。

盲人持有效证件免费乘坐市内公共汽车、电车、地铁、渡船等公共交通工具。盲人读物邮件免费寄递。

国家鼓励和支持提供电信、广播电视服务的单位对盲人、听力残疾人、言语残疾人给予优惠。

各级人民政府应当逐步增加对残疾人的其他照顾和扶助。

第五十一条　政府有关部门和残疾人组织应当建立和完善社会各界为残疾人捐助和服务的渠道,鼓励和支持发展残疾人慈善事业,开展志愿者助残等公益活动。

第七章　无障碍环境

第五十二条　国家和社会应当采取措施,逐步完善无障碍设施,推进信息交流无障碍,为残疾人平等参与社会生活创造无障碍环境。

各级人民政府应当对无障碍环境建设进行统筹规划,综合协调,加强监督管理。

第五十三条　无障碍设施的建设和改造,应当符合残疾人的实际需要。

新建、改建和扩建建筑物、道路、交通设施等,应当符合国家有关无障碍设施工程建设标准。

各级人民政府和有关部门应当按照国家无障碍设施工程建设规定,逐步推进已建成设施的改造,优先推进与残疾人日常工作、生活密切相关的公共服务设施的改造。

对无障碍设施应当及时维修和保护。

第五十四条　国家采取措施,为残疾人信息交流无障碍创造条件。

各级人民政府和有关部门应当采取措施,为残疾人获取公共信息提供便利。

国家和社会研制、开发适合残疾人使用的信息交流技术和产品。

国家举办的各类升学考试、职业资格考试和任职考试,有盲人参加的,应当为盲人提供盲文试卷、电子试卷或者由专门的工作人员予以协助。

第五十五条　公共服务机构和公共场所应当创造条件,为残疾人提供语音和文字提示、手语、盲文等信息交流服务,并提供优先服务和辅助性服务。

公共交通工具应当逐步达到无障碍设施的要求。有条件的公共停车场应当为残疾人设置专用停车位。

第五十六条　组织选举的部门应当为残疾人参加选举提供便利;有条件的,应当为盲人提供盲文选票。

第五十七条　国家鼓励和扶持无障碍辅助设备、无障碍交通工具的研制和开发。

第五十八条　盲人携带导盲犬出入公共场所,应当遵守国家有关规定。

第八章　法　律　责　任

第五十九条　残疾人的合法权益受到侵害的,可以向残疾人组织投诉,残疾人组织应当维护残疾人的合法权益,有权要求有关部门或者单位查处。有关部门或者单位应当依法查处,并予以答复。

残疾人组织对残疾人通过诉讼维护其合法权益需要帮助的,应当给予支持。

残疾人组织对侵害特定残疾人群体利益的行为,有权要求有关部门依法查处。

第六十条　残疾人的合法权益受到侵害的,有权要求有关部门依法处理,或者依法向仲裁机构申请仲裁,或者依法向人民法院提起诉讼。

对有经济困难或者其他原因确需法律援助或者司法救助的残疾人,当地法律援助机构或者人民法院应当给予帮助,依法为其提供法律援助或者司法救助。

第六十一条 违反本法规定,对侵害残疾人权益行为的申诉、控告、检举,推诿、拖延、压制不予查处,或者对提出申诉、控告、检举的人进行打击报复的,由其所在单位、主管部门或者上级机关责令改正,并依法对直接负责的主管人员和其他直接责任人员给予处分。

国家工作人员未依法履行职责,对侵害残疾人权益的行为未及时制止或者未给予受害残疾人必要帮助,造成严重后果的,由其所在单位或者上级机关依法对直接负责的主管人员和其他直接责任人员给予处分。

第六十二条 违反本法规定,通过大众传播媒介或者其他方式贬低损害残疾人人格的,由文化、广播电视、电影、新闻出版或者其他有关主管部门依据各自的职权责令改正,并依法给予行政处罚。

第六十三条 违反本法规定,有关教育机构拒不接收残疾学生入学,或者在国家规定的录取要求以外附加条件限制残疾学生就学的,由有关主管部门责令改正,并依法对直接负责的主管人员和其他直接责任人员给予处分。

第六十四条 违反本法规定,在职工的招用等方面歧视残疾人的,由有关主管部门责令改正;残疾人劳动者可以依法向人民法院提起诉讼。

第六十五条 违反本法规定,供养、托养机构及其工作人员侮辱、虐待、遗弃残疾人的,对直接负责的主管人员和其他直接责任人员依法给予处分;构成违反治安管理行为的,依法给予行政处罚。

第六十六条　违反本法规定,新建、改建和扩建建筑物、道路、交通设施,不符合国家有关无障碍设施工程建设标准,或者对无障碍设施未进行及时维修和保护造成后果的,由有关主管部门依法处理。

第六十七条　违反本法规定,侵害残疾人的合法权益,其他法律、法规规定行政处罚的,从其规定;造成财产损失或者其他损害的,依法承担民事责任;构成犯罪的,依法追究刑事责任。

第九章　附　　则

第六十八条　本法自2008年7月1日起施行。

中华人民共和国民法典(节录)

(2020年5月28日第十三届全国人民代表大会第三次会议通过)

第一千一百六十五条　行为人因过错侵害他人民事权益造成损害的,应当承担侵权责任。

依照法律规定推定行为人有过错,其不能证明自己没有过错的,应当承担侵权责任。

第一千一百六十六条　行为人造成他人民事权益损害,不论行为人有无过错,法律规定应当承担侵权责任的,依照其规定。

第一千一百六十七条　侵权行为危及他人人身、财产安全的,被侵权人有权请求侵权人承担停止侵害、排除妨碍、消除危险等侵权责任。

第一千一百六十八条 二人以上共同实施侵权行为,造成他人损害的,应当承担连带责任。

第一千一百六十九条 教唆、帮助他人实施侵权行为的,应当与行为人承担连带责任。

教唆、帮助无民事行为能力人、限制民事行为能力人实施侵权行为的,应当承担侵权责任;该无民事行为能力人、限制民事行为能力人的监护人未尽到监护职责的,应当承担相应的责任。

第一千一百七十条 二人以上实施危及他人人身、财产安全的行为,其中一人或者数人的行为造成他人损害,能够确定具体侵权人的,由侵权人承担责任;不能确定具体侵权人的,行为人承担连带责任。

第一千一百七十一条 二人以上分别实施侵权行为造成同一损害,每个人的侵权行为都足以造成全部损害的,行为人承担连带责任。

第一千一百七十二条 二人以上分别实施侵权行为造成同一损害,能够确定责任大小的,各自承担相应的责任;难以确定责任大小的,平均承担责任。

第一千一百八十八条 无民事行为能力人、限制民事行为能力人造成他人损害的,由监护人承担侵权责任。监护人尽到监护职责的,可以减轻其侵权责任。

有财产的无民事行为能力人、限制民事行为能力人造成他人损害的,从本人财产中支付赔偿费用;不足部分,由监护人赔偿。

中华人民共和国基本医疗卫生与健康促进法（节录）

（2019年12月28日第十三届全国人民代表大会常务委员会第十五次会议通过）

第二十八条 国家发展精神卫生事业，建设完善精神卫生服务体系，维护和增进公民心理健康，预防、治疗精神障碍。

国家采取措施，加强心理健康服务体系和人才队伍建设，促进心理健康教育、心理评估、心理咨询与心理治疗服务的有效衔接，设立为公众提供公益服务的心理援助热线，加强未成年人、残疾人和老年人等重点人群心理健康服务。

第三十五条 基层医疗卫生机构主要提供预防、保健、健康教育、疾病管理，为居民建立健康档案，常见病、多发病的诊疗以及部分疾病的康复、护理，接收医院转诊患者，向医院转诊超出自身服务能力的患者等基本医疗卫生服务。

医院主要提供疾病诊治，特别是急危重症和疑难病症的诊疗，突发事件医疗处置和救援以及健康教育等医疗卫生服务，并开展医学教育、医疗卫生人员培训、医学科学研究和对基层医疗卫生机构的业务指导等工作。

专业公共卫生机构主要提供传染病、慢性非传染性疾病、职业病、地方病等疾病预防控制和健康教育、妇幼保健、精神卫生、院前急救、采供血、食品安全风险监测评估、出生缺陷防治等公共卫生服务。

第五十五条 国家建立健全符合医疗卫生行业特点的人事、薪酬、奖励制度,体现医疗卫生人员职业特点和技术劳动价值。

对从事传染病防治、放射医学和精神卫生工作以及其他在特殊岗位工作的医疗卫生人员,应当按照国家规定给予适当的津贴。津贴标准应当定期调整。

中华人民共和国刑事诉讼法(节录)

(1979年7月1日第五届全国人民代表大会第二次会议通过 根据1996年3月17日第八届全国人民代表大会第四次会议《关于修改〈中华人民共和国刑事诉讼法〉的决定》第一次修正 根据2012年3月14日第十一届全国人民代表大会第五次会议《关于修改〈中华人民共和国刑事诉讼法〉的决定》第二次修正 根据2018年10月26日第十三届全国人民代表大会常务委员会第六次会议《关于修改〈中华人民共和国刑事诉讼法〉的决定》第三次修正)

第三百零二条 实施暴力行为,危害公共安全或者严重危害公民人身安全,经法定程序鉴定依法不负刑事责任的精神病人,有继续危害社会可能的,可以予以强制医疗。

第三百零三条 根据本章规定对精神病人强制医疗的,由人民法院决定。

公安机关发现精神病人符合强制医疗条件的,应当写出强制医疗意见书,移送人民检察院。对于公安机关移送的或者在审查起诉过程中发现的精神病人符合强制医疗条件的,人民检察院应当向人民法院提出强制医疗的申请。人民法院在审理案件过程中发现被告人符合强制医疗条件的,可以作出强制医疗的决定。

对实施暴力行为的精神病人,在人民法院决定强制医疗前,公安机关可以采取临时的保护性约束措施。

第三百零四条　人民法院受理强制医疗的申请后,应当组成合议庭进行审理。

人民法院审理强制医疗案件,应当通知被申请人或者被告人的法定代理人到场。被申请人或者被告人没有委托诉讼代理人的,人民法院应当通知法律援助机构指派律师为其提供法律帮助。

第三百零五条　人民法院经审理,对于被申请人或者被告人符合强制医疗条件的,应当在一个月以内作出强制医疗的决定。

被决定强制医疗的人、被害人及其法定代理人、近亲属对强制医疗决定不服的,可以向上一级人民法院申请复议。

第三百零六条　强制医疗机构应当定期对被强制医疗的人进行诊断评估。对于已不具有人身危险性,不需要继续强制医疗的,应当及时提出解除意见,报决定强制医疗的人民法院批准。

被强制医疗的人及其近亲属有权申请解除强制医疗。

第三百零七条　人民检察院对强制医疗的决定和执行实行监督。

中华人民共和国国民经济和社会发展第十四个五年规划和 2035 年远景目标纲要（节录）

（2021 年 3 月 11 日第十三届全国人民代表大会第四次会议通过）

第四十四章　全面推进健康中国建设

把保障人民健康放在优先发展的战略位置，坚持预防为主的方针，深入实施健康中国行动，完善国民健康促进政策，织牢国家公共卫生防护网，为人民提供全方位全生命期健康服务。

第一节　构建强大公共卫生体系

改革疾病预防控制体系，强化监测预警、风险评估、流行病学调查、检验检测、应急处置等职能。建立稳定的公共卫生事业投入机制，改善疾控基础条件，强化基层公共卫生体系。落实医疗机构公共卫生责任，创新医防协同机制。完善突发公共卫生事件监测预警处置机制，加强实验室检测网络建设，健全医疗救治、科技支撑、物资保障体系，提高应对突发公共卫生事件能力。建立分级分层分流的传染病救治网络，建立健全统一的国家公共卫生应急物资储备体系，大型公共建筑预设平疫结合改造接口。筑牢口岸防疫防线。加强公共卫生学院和人才队伍建设。完善公共卫生服务项目，扩大国家免疫规划，强化慢性病预防、早期筛查和综合干预。完善心理健康和精神卫生服务体系。